区块链金融

深圳前海瀚德互联网金融研究院
主编

BLOCKCHAIN FINANCE

中信出版集团 · CHINACITICPRESS · 北京

图书在版编目（CIP）数据

区块链金融／深圳前海瀚德互联网金融研究院主编
. --北京：中信出版社，2016. 11（2019.11重印）
ISBN 978-7-5086-6904-5

Ⅰ. ①区… Ⅱ. ①深… Ⅲ. ①电子商务－支付方式－
研究 Ⅳ. ①F713. 361. 3

中国版本图书馆 CIP 数据核字（2016）第 247654 号

区块链金融

主　　编：深圳前海瀚德互联网金融研究院
策划推广：中信出版社（China CITIC Press）
出版发行：中信出版集团股份有限公司
（北京市朝阳区惠新东街甲 4 号富盛大厦 2 座　邮编　100029）
（CITIC Publishing Group）
承 印 者：北京通州皇家印刷厂

开　　本：787mm ×1092mm　1/16　　印　　张：16. 5　　字　　数：209 千字
版　　次：2016 年 11 月第 1 版　　印　　次：2019 年 11 月第 7 次印刷
广告经营许可证：京朝工商广字第 8087 号
书　　号：ISBN 978-7-5086-6904-5
定　　价：49. 00 元

“大数据金融丛书”编委会

《区块链金融》编委会

主　　编　王玉祥　曹　彤

副 主 编　曲双石　杨　望

编委会成员　张继元　郭晓涛　毛可若　陈林峰

傅思颖　雷舒娅　罗　丹　曲　强

序　言

区块链正催生自金融时代的到来

区块链技术在整个金融业的创新应用，仍然停留在比较浅显的层面。随着区块链实践与应用的不断深入，势必将催生出一个全新的金融时代——自金融。

在我国400年的金融历史进程中，现代金融是由间接金融模式和直接金融模式构成的。间接金融模式在很大程度上依靠中介机构来提供金融服务，所有的金融基础设施也以此为标准来建设。比如以信贷为核心的银行业就是典型的间接金融模式，客户A对客户B进行跨区域、跨银行转账汇款操作，当这笔交易的传输服务协议从发送行柜台转递给银行后台系统时，经过了至少3个工作时长的审核操作，甚至更长时间。通过发送行审核流程后，由发送行后台系统将协议转至中国人民银行清算系统或银联等具备支付清算权限的第三方金融服务机构，对A、B对应的银行账户进行统一的清分、清算和结算等账务记录和账户管理操作。在整个交易过程中，客户A、客户B一直依托于发送行、接收行、央行清算系统或银联等金融中介机构，因此，这是典型的间接金融模式。在目前的金融体系中，若是从是否创造货币的角度来进行判断的话，债权和股权融资等多层次资本市场的金融服务并未创造或新增货币，可将其称为直接金融。不同于间接金融模式，直接金融模式是资金盈余机构通过与资金需求机构签订协议，或在金融市场购买资金需求机构发行的有价证券，将货币资金提供给资金需求机构使用。直接金融能最大限度地吸收社会游资，通过股票、债券、商业票据等金融工具，直接将存量资金投资到企业的生产经营活动中。在这个过程中，参与直接金融模式的双方主体有较大的自由选择权，对于投资者来说，收益比市场中一般的信贷产品收益高；对于筹资者来说，相比银行借贷，融资成本和时间成本都大大降低了。然而，直接金融仍然无法解决信息不对称、金融技术不对称和虚假交易等问题，伴随着交易真实性、准确性和不可逆性的需求日益旺盛，区块链技术使自金融时代的诞生成为可能。

众所周知，区块链是比特币（Bitcoin）的底层技术，人们对区块链的初步认识来自 2014 年 10 月大英图书馆的一次技术讨论会，在这次会议中，经过研究比特币的现状和未来，对比特币底层技术——区块链在金融等领域的应用前景进行了深入的探讨。自此，区块链技术开始在全球崭露头角。比特币作为区块链技术第一个成功的金融应用，在最高峰时，流通市值高达 150 亿美元。与此同时，长达七年无专业机构维护从未宕机的现象堪称奇迹。因此，区块链技术安全稳定、不可伪造等特性被国际金融组织广为看好，基于区块链技术的金融应用也如雨后春笋般应运而生，比如数字加密货币、跨境支付、交易所清算结算、智能合约等。

无独有偶，区块链与自金融具有天然的耦合性。从理论上来讲，自金融是具备资产或现金流的个体提供的金融服务模式，这种模式是一种无须信任的人人金融模式。之所以自金融在当前现代社会及经济活动中无法实现，是因为在资金融通过程中，金融中介扮演了极其重要的角色，几乎无可替代。诸如信息传递、交流沟通、交易发生、交易确认、账户管理、账务记录、支付结算、清分清算、资金转移等一系列活动中，政府监管部门、公证机构、银行、托管机构及第三方支付平台等中介机构通过创造信任关系来支撑整个金融系统的有效运转，中心化、中介化逐渐演变为当代金融体系的运行方式。然而，金融中介机构的信息处理仍然从很大程度上依赖人工，并且交易信息需要多个中介来进行传递，从而使得交易信息的出错率高、效率低下。区块链是基于共识机制构建的分布式共享数据解决方案，具有分中心化、去中介化、无须信任、集中维护、不可篡改、安全透明、匿名可追溯和交易留痕等优点，可以有效地以集体方式运转，绕开诸多中介，降低交易和时间成本、提高交易效率，快速地为交易双方建立信任关系，真正实现交易双方的信息对称。与此同时，作为一个无中介管理的自主运行系统，区块链创造的交易环境，降低了现有金融技术条件下的中心化系统管理与维护成本，提高了金融业体系的经济效益。目前，区块链技术在金融系统中的应用逐步从理论探讨走向应用实践，诸如数字货币、支付清算、代理投票、股权众筹、保险经纪、跨境交易、证券交易、登记结算、数字票据和信贷融资等方面的应用过程，是金融脱媒脱介的过程，也是金融弱中心化、强交互信任的过程，从而实现自动化金融。具体而言，在这个转化升级的过程中，当前金融体系的间接金融将转化为直接金融，封闭式金融转化为开放式金融，小众金融转化为普惠金融，审慎监管金融转化为高度自治金融，最终实现共享经济和自金融的理想状态。

在不久的将来，当区块链技术在金融业的应用日益普及时，金融调控的组织架构将面临一轮深刻的调整。从宏观经济视角看，在自金融时代，当区块链构建全新的金融基础设施及附属基础设施时，货币创造机制或许会被改变。货币的内涵是否还是价值尺度、交易媒介和价值储藏，商业经济需求是创造货币还是创造商业信用，央行的职能将如何重新界定，都将演变为这一时代的全新命题。从微观经济视角看，在科技金融和互联网金融的强大冲击下，区块链技术应用有望将金融和商业有机融合，势必将超越当前分业与混业金融的界限。

总而言之，区块链尚未确立成熟的技术平台方案，净额结算、事后追索、容量可扩展和隐私保护等技术难题还有待解决，并且，大规模的区块链金融基础设施的建设需要重新构建 IT（信息技术）架构和再造金融业务流程。不仅如此，监管机制和金融机构本体对区块链技术所带来的金融创新和技术创新的接受态度同等重要。但区块链代码开源开放、无地域限制的优势会使整个世界网络格局实现真正的分布式互联互通，为全球化的普惠金融和自金融的建立与发展奠定坚实的技术基础。相信在将来，帮助我们实现全球化自金融的不是英语，而是代表自动化二进制语言的区块链。

曹　彤

2016 年 10 月 8 日

作于贵州互联网金融特区 6 层区块链金融办公室

目　录

图表索引

第一章

区块链金融演绎历程

在2016年，走进任何一家书店，无论店面大小或地理位置，你几乎有90%以上的概率在最显眼的“热销榜”上看到不止一本封面上印着“区块链”三个字的畅销作品，封面上的内容描述更是包罗万象，令人眼花缭乱。

区块链的应用领域从银行、保险、证券，到产权登记、证明公证，再到国家安全、国际合作等。其中，金融领域是广为应用的领域。众所周知，区块链是一种技术方案，采用去信任及分中心的方式，实现某个可靠数据库的集体维护。区块链金融自然就是区块链在金融领域的技术应用。从2009年初无人问津的比特币到2015年随处可见的区块链，仅仅经过了7年的时间。如此迅猛的发展态势不禁令人感叹：“难道区块链是万能的‘神药’吗?!”这种情形难免会让人想起曾经的“供应链”“互联网金融”“点对点”（P2P）、“线上到线下”（O2O）等，这些“热词”在刚出现时被高高捧起，风光一时无两。然而登高跌重，很快又被狠狠摔下，严重的标签化使它们失去了潜力。区块链会是下一个“被玩坏”的标签，沦为茶余饭后的笑谈，还是会发展成为真正的产业，如同当下多方所寄予厚望的那样，创造市场和社会价值呢？让我们追本溯源，从人类记账史开始解读，再广而深地分析当下，最后大胆地发掘未来，深入探索区块链这一尚处于萌芽时期的技术所具备的里程碑式的，甚至有可能颠覆世界的无限潜能。

1.1 人类记账演变

区块链毫无疑问是一个“21 世纪现象”，堪称是目前世界上最前沿的概念之一，但要想理解它的诞生原因，却必须回首原始社会，从人类金融行为的起源时期说起。在本节中，我们将一起回顾会计记账在历史长河中的演变史，先了解史前时期的原始计量、记录方法，再探索单式、复式记账法的发展历程，最后回到现在的金融世界，见证商业行为模式的改变如何引发记账方法的变革，新的记账方法又是如何持续推动商业模式进步的。

1.1.1 简单记账

原始的会计萌芽出现在距今数万年前的旧石器时代中晚期。在那之前，组织生产活动、分配、贮备只凭借头脑记数和默算就足够了。然而，在旧石器时代中晚期，随着生产力水平的提高，生产剩余物品出现，原始部落里的经济关系也复杂起来。人类在客观现实的冲击之下，愈发迫切地寻找不局限于头脑的记事载体，以便记录及计量的进行。他们首先发明了简单刻记和直观绘图两种方法。如字面意思，刻记就是刻画符号，而绘图则是我们熟知的岩画，将场景尽可能还原。在进入新石器时代（距今大约一万年）之后，相当一部分刻画符号已经发展出了较大地域范围内的普遍性，到新石器时代中晚期，成套的刻画符号被广泛使用，最具代表性的成套刻画符号的例子是在西安半坡遗址出土的陶器刻画符号。

再后来，记录数量增多、规模增大，绘画或刻画的效率已经跟不上记录需求，家喻户晓的“结绳记事”就出现了。史书上有大量关于中国古代结绳记事的实例记载，甚至到现在，在世界上落后的经济区域里，结绳记事都一直沿用。结绳记事不仅简便易行并且应用广泛，更重要的是，它还标志着人类会计史的起源。原始人通过结绳记事对经济事项进行计量和记录的方式，已表现出后世账簿记录的原理。会计史学家认为，结绳记事对于记录对象、数量变化、最终结果等都形成了确定的表现方式，几乎可以认为它明确了某种“账目”的几大要素，为此后人类会计思想、会计实践的演进和发展构成了重要基础。

到了原始社会的末期，人类历史上最伟大的发明——文字出现了，这大大开拓了人类的各种记录能力。同时，畜牧业以及农业的生产发展水平空前强大，已经有相当可观的富余畜禽以及粮食数量，金属冶炼事业以及制陶手工业也迎来了新的发展，手工业、农业以及畜牧业分工也在逐步扩大……以上所述社会生产力的提升致使越发复杂的交换关系出现，不单单是不同氏族部落间的频繁交换，家族之间甚至是生产者之间也在发生交易行为，交换行为也渐渐突破地域局限在更大范围内发生。这些情况对经济事项的计量与记录提出了较高的要求，只能反映静态、比较简单经济事项的结绳记事法，被随着文字产生的“书契”记录法迅速取代。东汉学者郑玄将《周礼》中所载“书契”一词注解为：“书契，取予市物之券也。”由此可见中国古代王朝初期，将书契作为市场上做买卖时曾经广泛使用的券契，是交易的凭证和解决纠纷的依据。

经济类“书契”拥有三大要素：文字、数字、实物计量单位，是为社会所公认的通用记录方法。在使用书契记录时必须遵守相应的记录规则，收藏保管也和以往不同，不能随心所欲。可见，从此时开始，中国古人们逐渐意识到账目记录的重要性，将其作为一种专门的文件来进行管理的趋势开始形成。与此同时，世界主要文明都先后发展形成了文字叙述式的会计记录法，它们具有类似的基本特征：首先，它们详细记录每一笔经济事项的基本内容，尤其是变化的收支项；其次，依照收支事项发生的先后顺序进行排序，形成“流水账”形式；最后，每笔经济事项在账册中的位置是以自然类别而不是以经济活动的内在联系确定的。

1.1.2 单式记账法

包括我国的书契在内的叙述式记账方法在不断发展的过程中，逐渐体现出单式记账法的基本特征。在我国，单式记账法在西汉形成定式，其影响长达数千年之久，到了明代中叶才开始向复式记账法过渡。在国外，由于古希腊和古罗马的奴隶制社会经济繁荣，产品丰富，其单式记账法在当时也处于先进的地位。古希腊的记账系统在公元前5世纪就逐渐形成备忘录、日记账与总账的设置。公元前256年的账簿资料显示，当时的古希腊已经按照业务经营活动设置账户名称了。早在古罗马时期，流水式序时记录中就已经出现了日记账和现金出纳账，按实物品名、货币资金、人名分别设置账户。单式记账法的这些特点与文字叙述式记账法形成了对比，显示着当时的人们越来越将经济事项看作社会活动中单独的一大类，开始系统地以活动的内在联系来记录经济事项。

单式记录的特点在于直入直出，只记录一笔，在会计账簿中只记录主体的方面，不同时登记客体的方面。因为这个特点，所以决定了需要根据经济事项发生的时间顺序，在会计账簿中采取序时流水式的方法登记。单式簿记不会记录财产的增加和减少，只会记录现金的收付和往来账户，在账期结束时，以期末财产总值减去期初财产总值来计算损益。由于其仅仅反应业务的某个方面，没有涉及所有的经济业务，所以不适用于全面的试算平衡。随着经济行为愈加复杂，单式记账法因为这一巨大软肋的存在而越来越不能满足人们的需求，全世界范围内都开始了向复式记账法的过渡，我国明代中叶的“三脚账”就是这段过渡时期的产物之一。

“三脚账”中的“两脚”将非现金交易的转账事项按照“来账”和“去账”两笔对应记录，已经是复式会计记录的雏形了。“三脚”中的另外“一脚”，针对的是现金收付事项，只会记录现金交易中去向或来源的一笔，是单项记录模式。在会计记录符号方面，“三脚账”前后呼应，实行两种模式：“收—来”“付—去”，采用的是双重符号。这样一来，随时汇总核算和清查账目成为可能，损益计算的效率明显提高。“三脚账”为中国固有复式簿记平衡原理的建设奠定了思想和实践基础。

1.1.3 复式记账法

单式记账法到复式记账法的过渡，在东西方国家基本同时发生，可见经济的发展、新经营模式以及生产方式的出现，在客观的角度上，不仅要改变原有的会计核算方法，而且要改变原有的经济管理制度，使得这个方法与会计记账需求相适应。

古代中国的复式记账法的代表是产生于明末清初的“龙门账”，其体现了我国固有复式簿记的萌芽形态，这个双向记账的原理将所有的账目归纳成四个大类，分别是：①进；②缴；③存；④该。基于这四个大类，会划分出很多的小类项目，分类会计对象，分别进行会计科目核算。“进”为入账，“缴”为出账，二者相减差值为净利润；“存”为存款，“该”为欠款，二者相减得到的是净资产。应用“进－缴＝存－该”的公式进行双轨计算盈亏和试算平衡，这些均与同一时期发展产生的西式复式簿记不谋而合，殊途同归。但是，“龙门账”在会计凭证运用、账簿设置、分类分项核算、成本计算以及试算平衡等方法不够科学系统，并且计算烦琐。另外，从一定程度上来说，“龙门账”还不够成熟。清乾隆至嘉庆年间，商品货币经济进一步发展，“四脚账”在“三脚账”和“龙门账”的影响下应运而生。“四脚账”的主要进步之一在于它建立了一个比较完善的账簿组织，包含了以下几个部分：①证；②表；③账。不仅如此，明细核算和总括核算也包含在这个体系之内，值得一提的是，盈亏计算和平衡勾稽账目相互独立而又可以相互对比，是一种比较成熟的复式账法。

“四脚账”的核心部分是将“纲头”，即会计核算项目，作为分户核算的标准。如果依据会计事项的性质以及会计对象的特点来划分，可以把“纲头”分为两个大类：“人名纲头”和“物名、损益纲头”。一方面，针对往来转账事项，设置一个“人名纲头”，在总簿中根据人名或者行号分户核算。这和西式簿记中的“人名账户”一致。另一个方面，“物名、损益纲头”，通俗地称为“集”或“项”，这个是为了反映费用的开销、资产的变化、盈亏等。为反映商业购销活动，通常按商品大类设置“集”，对于费用开支设有“费用集”，对于其他财产类一般设家具集或房产集，针对损益类，则一般设盈余集、损失集。上述描述的各个“集”构成了一个核算体系，这个体系比较科学系统。不仅可以集中系统地反映商品的进、销、存三种情况，而且方便分类计算，核实各种商品的销售毛利，在进、销货总簿中基于商品大类采用分户核算。再者，“四脚账”利用人名纲头和物名，可以很好地将企业的资产、债权、损益等项目区分开。这种记账方式具有很多方面的好处，例如：①从动态的角度反映企业经营活动的过程和结果；②从静态的角度考察企业财产物质的变更。

“四脚账”完全遵循相关经济业务所引发的资金流动方向来记录相关账页方向的选择，账页的上方记录资金来源的方向，收方；账页的下方记录资金的终极去向，付方。在期末的时候，采用四柱结算法来计算本期现金的结存，通常情况下在账簿的尾端按照“原”“合”“出”“存”来展示各自的数额。同时为了验证“日清簿”中记录的准确性，可以采用不同的平衡公式达到验证的目的。一般来说采用会计体数码记录的现金收付事项，都会采用四柱平衡公式进行验证，平衡公式为“旧管 + 新收 = 开除 + 实在”；一般来说采用草码所记非现金事项，计算的平衡公式为“来账合计数 = 去账合计数”。

虽然“四脚账”与西方存在的复式簿记相比较，还有一些问题，例如：①账簿组织不够严密；②没有科学设置会计核算科目；③账页过于简单等。同时四脚账在会计凭证的运用上很低等，处理基本账法比较复杂。但是基于四脚账的基本原理，特别是在以下几个方面的运用：①结册编制；②成本结转；③盈亏计算；④平账原理运用等，和西式复式簿记方法的精髓是一样的，因此，在我国的会计学界中把“四脚账”称为“中国固有的比较成熟的复式账法”。

在西方世界，从单式记账法到复式记账法的过渡发生于中世纪的意大利。早在 12 ~ 13 世纪，复式簿记系统就已经出现在意大利一些城市的商人和银行家的账簿中，却直到 1494 年才第一次被系统地介绍和论述。士卢卡 o 帕乔利是一位意大利数学家和传教士，他于 1494 年出版了著作《算术、几何、比及比例概要》，描述了复式簿记的明显优点，使其得到广泛的应用。这本著作因此具有划时代的意义，标志着现代会计的开始。从这以后，复式簿记成为全世界商业活动的标准记账方法，而且为除了单纯的账目记录以外的其他金融行为，尤其是会计、审计，打开了无限的可能性。西方复式簿记的发展主要经历了三个不同的发展阶段。

首先是 12 世纪，处于复式簿记萌芽时期的佛罗伦萨式记账法，以 1211 年佛罗伦萨银行采用的账簿为代表。这一方法仍然保留着叙述式记录形式，即将借贷行为上下连续登记，并且虽然已经是复式记账法，但记账的主要内容大部分时候仅限于转账，记账对象也仅限于债权债务。从单式记账向复式记账转化的阶段上来讲，佛罗伦萨记账法更贴近于我国的“三脚账”。这一记账方式在发展过程中分出了两种，第一种是佛罗伦萨商业式，另一种是佛罗伦萨工业式，其中商业式中的记账对象不仅是人名账号，也有物名账户，开始向第二阶段——热那亚式记账法进化。复式簿记的改进阶段是热那亚式记账法，在 1340 年热那亚市政厅的总账中复式簿记的优点表现得淋漓尽致，现收藏于热那亚古文化馆的这本账册被认为是最早的一册复式会计记录，不仅具备复式记账所有特征，而且为世界会计界所公认。热内亚式记账法的对象除了包括债权债务的人名账户外，还有记录商品和现金的物名账户，以及损益账户，记录的形式也有所改变，变为左右对照的两侧性账户。与我国“龙门账”类似，已经为记账的复杂化、系统化、全面化打下了坚实的基础。

15 世纪初流行于威尼斯的记账方法代表了西方复式簿记的完备阶段，也是《算术、几何、比及比例概要》中所详细介绍的复式簿记法。在热那亚式记账法的基础上，威尼斯式记账法增加了资本账户，从而使资本的概念具体化，这是具有里程碑意义的一个发展。至此为止形成的西方复式簿记法，不仅使商业行为得到了清晰的记录，更促成了当时的社会产生新的经济观。由于复式簿记的应用，资本主义的利润目标取代了中世纪社会的宗教灵魂，追求利润不再是受到质疑的自私自利的行为，而是令人称道的明确经营目标。而且，复式簿记的优点很多，它不仅是现在核算的时期的经营成果，可以分化出资本和利润，而且可以在长远的角度上规划经营活动，保证了资本主义企业经营的持续性。复式簿记不单单具有严密的核算体系，也具有严密的账户体系，平衡机制也包含记录、过账、核对等。商人们开始重视“合理有序性”，强调生产经营活动的秩序和效率。最后，它还促使公司实行具体化企业主体的改革，使得企业主和管理者角色分离开，进而导致股份有限公司急剧增加和普遍，为资本主义扩展创造了一个有利的条件。

1.1.4 账本记录

19 世纪起，企业所有者与经营者的分离日益明显，企业的所有者常常并不参与企业的管理。但是他们仍然会很关心投资的资本的增减情况，所以他们会要求企业的管理者定期发布企业的财务报表，然后通过财务报表来看企业的经营状况。但这其中会产生一个问题：企业的管理者和企业的所有者存在着利益的关系，两者之间对企业的信息获知程度并不匹配，再加上企业的所有者很多都不具备会计专业知识，导致所有者们在这一关系中处于下风。因此对管理者提供的财务报表难以完全信任，这样的情况催生了财务报表审计制度，即由客观、中立的会计师来验证财务报表是否给出真实、公正的财务状况描述，并且遵从实行的会计准则。1854 年苏格兰成立了爱丁堡注册会计师协会，这个协会是世界上第一家特许的会计师协会，这在会计发展史上具有划时代的意义，从此以后，记账的专家正式成为一门独立的职业，就是会计。19 世纪下半叶，英国出台了公司法，要求公司监事一定要审查财务报表，然后把结果提交给公司股东。然而并不是所有的公司监事都具备会计专业知识，有些公司监事会委托自己的亲信来审查公司的账簿，慢慢地就形成了由独立的执业会计师进行查账的制度，注册会计师这个职业应运而生。从此以后，报表审查制度在美国、英国、加拿大等国家迅速确立起来，企业如果要向外提供会计报表，那么一定要经过注册会计师的审核和署名。

进入 20 世纪，以美国为首的大多数发达国家被卷入经济危机的飓风之中，许多公司在证券市场上大量发售股票和债券，却一个接一个地陷入偿还不了债务的被动局面，从而导致很多企业宣布破产倒闭。然后，政府以及社会公众都把松散的会计实务认为是资本市场崩溃和萧条的重大原因。

所以强烈要求这些倒闭的公司可以发布真实的财务状况以及经营状况报表。因此，美国政府在1933年发布《证券法》，在1934年发布《证券交易法》，这两部法律中强令股份公司一定要在证券交易委员会登记，并且在证券交易委员会中公布公司的财务报表，之后才可以向公众出售股票。而且，股份公司的会计报表必须经独立会计师审定，并且要按照统一会计规则来编制。统一会计规则的制定原本授权美国证券交易委员会（SEC）负责，但委员会又将其授权给AIA来制定，AIA中文名是美国会计师协会，1957年改名为美国注册会计师协会，英文名是AICPA。可见，注册会计师这一人群在西方发达国家早就占据了相当重要的核心社会地位。

度过经济危机之后，20世纪50年代起计算机技术的发明和快速普及引领了全球经济和社会活动的革新和进步。企业经营管理领域是引进计算机技术的领头羊，因为计算机具有多个优点，包括自动计算、高速计算、可以处理大量数据等，所以在大规模数据的处理过程中首先考虑的就是计算机。在1954年，美国第一次用计算机来计算职工薪酬的就是美国通用电气公司，这次使用带来了会计数据处理技术的变革，开创了会计行业计算机使用的新纪元——会计电算化。在早期，会计电算化主要用于单项的、数据处理量大、计算简单而重复次数多的经济业务，如工资计算和发放、存货管理、应收与应付账款的处理、总账处理等，到了20世纪60年代中期，计算机的性能进一步提升，计算机的可操作性能逐渐加强，电子计算机几乎可以代替手工簿记系统的所有业务，并且突破了手工系统的某些常规结果，特别是在综合处理数据这方面。至20世纪80年代末，电算化处理扩展至整个会计系统，西方国家的大部分企业已经实现会计系统的电算化。查阅相关资料可以发现，美国开发了现在市场上的商品化会计软件中的300~400种，会计相关软件成为目前美国计算机软件产业中一个重要分支。

正是由于经济活动的快速发展和管理要求的不断提高，人类的记账从最初单纯的记录每一次交易的过程，进化为由数字和平衡公式组成的账目系统，发展形成了一种专业、拥有高社会地位的职业，又进化成更为先进、效率更高的电子化会计。在表1-1中，我们总结了每一次商业行为模式的进步对记账方式所起到的推动作用。

表1-1 人类记账史演化路径

时间	社会知识进步	商业模式变化	记账方式革新	记账方式特点
旧石器时代中晚期		生产剩余物品出现	计量、记录需求产生	
新石器时代晚期		记录需求、规模增加	结绳记事	标志着人类会计起源
原始社会末期	文字出现	生产力发展到前所未有水平，剩余物品数量可观，农业、畜牧业、手工业分工扩大	书契等文字叙述式会计记录法	收支事项按照时间发生的先后顺序形成“流水账”形式，以自然类别确定位置
公元前5世纪		奴隶制产品经济繁荣	单式记账法	经济行为成为 种特殊的社会行为分类，按照业务经营活动设置账户名称
12~14世纪	数学研究发达	商品货币经济进一步扩张银行、金融业高速发展	复式记账法	增加了资本账户，使资本的概念具体化，资本主义的利润目标取代了宗教灵魂，划分资本和利润，帮助长远规划经营活动

续表

时间	社会知识进步	商业模式变化	记账方式革新	记账方式特点
19 世纪至今	信息技术爆炸式发展	企业所有者与经营者的分离日益明显，经济管理工作需要处理大规模数据	财务报表审计制度和会计电算化	注册会计师职业经历并占据核心社会地位，计算机几乎代替手工簿记系统的全部业务，打破手工系统的结构，重视数据处理

在当下这个信息化、数据化、科技化的世界里，人类的记账、会计和审计这些核心经济管理需求不断翻新，创新的方法不断出现来满足这些需求，却仍然面临着一些难以逾越的障碍。首当其冲的是信息不对称和信用问题，即使在注册会计师行业蓬勃发展的21 世纪，以著名的全球四大会计师事务所为首的审计公司遍地开花的情况下，这个问题不仅仍然没有得到解决，反而在事务所和公司时有勾结的现实状况下有了愈演愈烈的趋势。与此同时，信息技术的持续高速发展促使人们思考：记账行为是否又一次到达了需要跳跃式发展的节点？在这一拉一推两股力量的助力下，越来越多的人将目光投向当前最为尖端的创新技术之上，比特币应运而生。

1.2 震惊世界的比特币

如今，若你走遍地球，在每一个地方都提到“比特币”这个词，相信即便在最欠发达的国家也能找到至少一两个点头称是的人。这个只有不到十年历史的名词俨然已经在全球范围内成长为现象级别，甚至连包括中国在内的各主要国家中央银行都先后投入借鉴比特币技术发展数字货币的努力之中。比特币究竟是什么？它是人类记账下一步发展的答案吗？

1.2.1 比特币技术原理

2008 年，全球大小经济体几乎无一例外地正深陷于美国次贷危机所引起的世界金融危机之中，绝大部分经济学家焦头烂额地搜寻着制止和减缓市场需求、就业率、股票指数等各项经济指标触底趋势的方法，一个自称“中本聪”的日裔美国人在小范围内发布了一篇论文，引起了小众密码学爱好者的关注。

《比特币：一个点对点的现金支付系统》一文提出，目前互联网上的贸易内生性地受制于“基于信用的模式”（Trust Based Model）的弱点，也就是在物理现金缺失的情况下产生的、销售费用和支付问题上的不确定性。中本聪分析道，使用信用卡、电子转账等过程完成支付的互联网交易系统使得完全不可逆的交易无法实现，潜在的退款可能永远不可能被排除。买方始终对商家拿到转账款项后是否会按质按量提供商品心存怀疑，实际到手的产品也未必完全符合客户根据商家描述而形成的期待。与此同时，商业行为中也不可避免地存在着一定比例的欺诈性客户，得到商品后却声称未曾收到并申请退款，使得商家不得不对自己的客户小心提防以防销售成本增加。因此，买卖两方都不得不借助金融机构作为可信赖的第三方信用中介，为交易背书并在发生争端时出面协调。然而，金融中介的存在不仅增加交易的成本，还限制了实际可行的最小交易规模，以及很多本身无法退货的商品和服务的交易。这一段理论一针见血地指出了信息革命以来电子商务领域的最大壁垒——信用。事实上，自 2008 年开始的全球金融危机在很大程度上正是始于金融机构对借贷方信用的评估失准。中本聪这篇论文，所提出的技术虽然当时尚在酝酿中，却是解决眼下燃眉之急的出色方案。

针对上述问题，中本聪在论文中详细解释了他的解决方案——一个基于密码学原理而非信用的电子支付系统。按照中本聪的设想，这个系统通过点对点分布式的服务器来生成依照时间前后排列并加以记录的电子交易证明，从而杜绝回滚支付交易的可能，在任何达成一致的双方之间直接进行支付、不需要第三方中介参与。正因为前文所述的当前电子商务的致命缺陷来源于在买卖双方之间建立信用的困难，中本聪设计的系统使用密码来背书，使得在互相完全不信任的双方之间进行的交易也得到安全保障。他首先提出了“电子货币”（Electronic Coin）的概念，定义为如图1－1所示的一串数字签名。

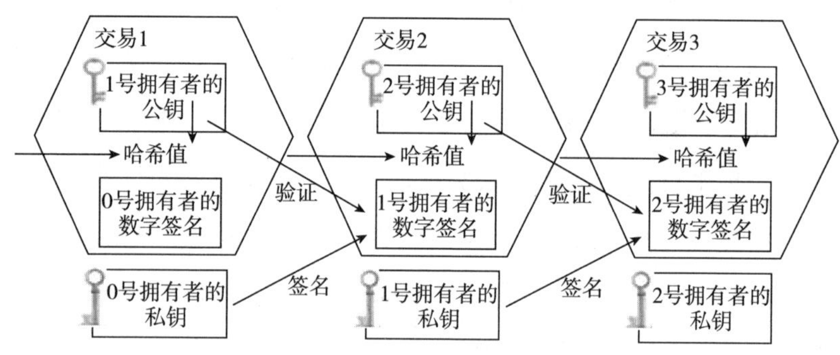

图1－1　比特币在KYC中的应用结构

按照中本聪在图1－1中的描述，一个电子货币的每一位拥有者都要在这枚电子货币的末尾签署一个数字签名，这个签名是由哈希函数随机散列生成，并使用下一位拥有者的公钥（Public Key）来加密的，然后在这枚数字加密货币的尾端加上这个签名，就能够发送给下一位所有者。同时收款人可以使用自己特有的私钥解密签名，得到哈希值之后对内容的真实性进行检验，就能够验证上一位所有者的身份。这样一来，图1－1中的每一次交易就形成了一组以“区块”（Block）存在的数据。

其实，公钥加私钥的数字加密方法早在1976年就由斯坦福大学的迪菲（Diffie）和赫尔曼（Hellman）两人提出过，中本聪当然不是这么多年来第一个想到应用这个系统的人。那么比特币支付系统的独特性在于哪里呢？事实上，如上所述的支付过程存在的致命缺陷名为“双花问题”（Double－spending Problem），顾名思义，就是某一枚串签名被同一名付款人发给两个（甚至多个）收款人的情况，这也是基于数字加密的电子支付系统长时间少有人成功的主要原因之一。权威的支付中介解决起这个问题来是小菜一碟，只要同一时间只处理一笔交易即可，但是比特币支付系统的追求就在于“去中介化”，针对这个问题，中本聪为系统本身设计了保障时间序列的机制，这便是他原创的“时间戳服务器”（Timestamp Server）。它在每个区块中增加了一个仍然是由随机散列生成的时间戳字串，并要求支付者将该随机散列在全网广播，因为“要保证某一次交易是不存在的，唯一的办法就是知道发生过的所有交易”。这样一来，支付系统网络上的所有参与者都能够证实某一串数据在某一个时刻是的确存在的。下一位拥有者在使用这枚数字货币时，同样要生成一个时间戳，同时这个时间戳把它前面的一个时间戳归入随机散列值，然后每一个区块链连接下一个区块，链条就因此形成，而且是一个公开的、透明的时间序列链条。

这样拥有了时间序列的系统，中本聪仍然不能完全满意。为了保证这个链条上的信息是不可更改的，他又引入了“工作量证明”（Proof of Work）机制，在区块中补增一个随机数（Nonce），使得该给定区块的随机散列值从一个零或者多个零开始，随着零数量的增加，导致这个解被找到所需要的时间呈指数增长，但是仅一次随机散列运算就可以检验结果。当某个节点想要生成一个区块时，它必须通过反复尝试来寻找这个随机数，找到为止，这将要耗费很高的CPU（中央处理器）工作量，在完成相当的工作量之前，这个区块的信息是不可以更改的。

前文对区块链的交易结构原理进行了详细的描述，我们对比特币的特征有了明显认识。首先，比特币的一个首要特质是去中心化，比特币的发行和支付不是以中央银行等管理部门为管控中心，而是由网络节点集中管理比特币的支付和转账业务。用分布式的数据块记录整个交易，并且和整个比特币系统共同承担交易风险。其次，比特币具有匿名性，在传统的电子货币中，都是依赖于账号系统，完成一次交易就需要知道双方的个人信息。但是比特币与之不同，利用公开密钥技术，不需要依赖账号系统，再次使用时，公开密钥技术会重新生成一对公私钥进行交易。另外，比特币系统有强健的网络，它的核心是点对点、没有发行中心的网络，也就是说只要不持续断电，不屏蔽掉整个互联网，那么就无法关闭比特币系统。最后，它还具有非唯一性，因为比特币的源代码是公开的，通过修改参数，就可以制造出与比特币类似的其他网络虚拟货币。

1.2.2 比特币全球发展

比特币网络是一种价值传输协议，它至少具有三重属性，分别结合金融、技术和社会学三个层面的内容。基于技术这个层次，比特币网络协议具有的去中心化的、点对点的特性使得它可以成为不由任何第三方操纵、不可篡改的庞大公共记账系统。从金融的角度来看，比特币的数量固定，没有必要随身携带、交易成本很低，深受大众青睐，发展空间巨大，所以越来越多的投资者相信它是“电子黄金”，可以成为数字投资品、全球性的标准化数字资产。另外，比特币基于互联网在全球进行流通，在跨国支付、虚拟经济价值传递等特定的场合，用它进行交易具有高效、低成本等特点，同时，比特币作为货币来承担金融工具职能，也可以在金融全球化进程中对低效率、高成本等问题起到改善的作用。从社会学的角度来看，比特币更是代表了金融自由化实现的可能性，对于金融信息不平等、货币政策的溢出效应、贫富差距等重要社会问题的解决方式都提供了新的可能性。因此，当比特币逐渐为人所知之后，全球范围内发展比特币的努力突然呈现了爆发式的增长。

现阶段，比特币在全球大约拥有500万用户，总市值约33亿美元（约合220亿元人民币）。截至2015年4月，整个行业累计获得大约6.76亿美元的风险投资，其中4亿美元都进入了比特币初创公司。由于比特币在金融领域中都是最新应用，而且区块链技术属于前沿技术，所以从事比特币这一行业的绝大多数都是创业公司。在交易方面，目前全球约有百余家比特币交易平台，排名前十的交易所承担着全球总交易量的90%以上，基本分布在美国、中国和东欧国家。除交易外，比特币支付是目前增长最快的比特币应用之一，全球范围内包括微软、戴尔在内的超过10万家商家已经宣布接受比特币支付。全世界最大的比特币支付公司比特贝（BitPay）已经正式展开了与全球最大电子支付平台贝宝（PayPal）的合作，很多互联网金融公司也对比特币的应用越来越感兴趣。

在我国，比特币产业目前已经初步形成以交易平台为核心，从比特币的生产、存储、兑换到支付、消费都有所涵盖的较为完整的产业生态链。早在2013年5月，从事比特币生产工作（又称“挖矿”）的中国矿工人数已跃居世界第一，达到8.5万人，并且上升势头有增无减。在2013年5月，我国在全球比特币交易平台中名列第五，但是到2013年11月，我国拥有比特币交易平台中最大的交易规模，每天的交易量大于10万，其中最高的交易额转换为人民币达到2亿元。此外，我国越来越多的商家也开始接受比特币交易，主要集中在淘宝网网店等小额购买领域，但也有像车库咖啡这一类的实体商户。值得一提的是，在芦山地震以后，壹基金对外宣布可以使用比特币进行捐赠，最后共收到233个比特币捐款，折合人民币近22万元。最近一段时间，一些金融机构开始开发基于比特币的金融服务，其中最具代表性的是" 中金在线比特币私募基金"，它由光大银行福州分行与福建中金在线网络管理公司共同推出。

国内市场的不断扩大与国外比特币交易遭遇的“跑路”风波形成了鲜明对比。2014年2月25日，一度是全球最大的比特币交易网站的蒙特购（Mt. Gox）出现无法登录的现象，28日正式宣布申请破产，3月3日该网站发布公告称，85万个比特币因比特币系统漏洞而被非法转移。随后，新加坡比特币交易网站灵活币（Flexcoin）也突然倒闭，官网声明显示，2014年3月2日其遭受黑客攻击，所有存放在云端储存的896个比特币被洗劫一空。由于没有资源和资产去弥补上述损失，Flexcoin不得不立即关闭交易。尽管国际上人心惶惶，比特币价格大跌，中国投资者们的热情却没有受到太大影响，反而借此机会夺走了交易量最大的交易平台之席位。但是，这一系列重大事故让包括中国在内的各国政府纷纷迅速对比特币表明立场、出台相关监管政策。中国人民银行2013年12月印发《关于防范比特币风险的通知》，通知指出，虽然比特币也被人们赋予“货币”之称，但生产、发行比特币的不是货币当局，没有货币属性中的法偿性和强制性，所以不是真正意义的货币。从本质上看，比特币属于虚拟商品，没有实体货币具有的法律地位，在市场上是不能够流通和使用的。目前，很多国家都和我国一样，把比特币作为一种投资产品，并且开始完善监管和相关法律，少数国家认可比特币的货币属性，但是极少数国家禁止比特币的使用。

作为比特币的诞生之地，美国把比特币纳入到了证券法的法律体系，这是从2013年开始实行的。2015年，美国比特币交易所币基（Coinbase）成立，同年币基成为第一家获得金融许可证的比特币交易平台，这表明在美国比特币的交易从此属于合法范畴。在2015年5月20日，美国纽约证券交易所宣布推出全球范围内第一个由交易所计算并传播的比特币指数：纽约证券交易所比特币指数（NYSE Bitcoin Index）。在2015年6月4日，NYDFS（美国纽约州金融服务局）发布了BitLicense，这是一个基于数字货币公司的监管框架，这也是全球第一部对数字货币行业发布的法规。

在欧盟，欧洲央行于2012年10月发布了《虚拟货币体制》报告，把比特币定位为虽然没有法偿货币的性质，但是可以用于购买虚拟或者实体的商品和劳务的“第三类虚拟货币”，这意味着比特币是一种不受现有法律监管的虚拟货币类型。与此同时，这份报告对比特币的多方面风险都做出了警告，例如：信用、操作、流动性、法律合规性等。在2014年7月，EBA（欧盟银行业管理局）再次要求欧盟银行在有关监管法案出台时，都不能包括任何虚拟货币交易，如比特币。跟从着这些欧盟权威机构的指引，欧洲各主要国家，如德国、西班牙、法国、挪威、芬兰等，纷纷出台将比特币与现有的法币体系相区别的监管政策。较为独特的是全世界对比特币行业发展最为友好的国家之一——英国，英格兰银行于2014年5月9日接连发布的报告中不仅明确了比特币的商品属性，更承认“对于任何互联网人来说，数字货币可以作为货币使用”。

相对于美国和欧洲，亚洲主要国家对于比特币的态度至今仍然较为模糊。尽管在破产前声势浩大的Mt. Gox交易所就位于东京，连比特币发明者中本聪也疑似日本血统，日本却至今仍未针对比特币或其他数字货币进行监管。Mt. Gox事件之后，在2014年3月，日本内阁虽然决定禁止银行和证券公司从事比特币业务，但是并没有定性比特币，对于市场上的比特币交易也不采取监管，只是在比特币购买的消费税征收方面制定了相关政策，并且该政策非常灵活，由此也看出，日本并不是排斥比特币的流通。同样的趋势在韩国和新加坡也有所体现。虽然韩国政府曾因比特币缺乏可测量的金融结构和指标而拒绝将其视为合法货币，以韩比特（Korbit）为代表的韩国比特币公司却得益于它们的创新特征，在创业初期就得到长期强调创业创新的韩国政府的大力扶持。而新加坡的税务机关则宣布将比特币等同于商品，当比特币用于支付或者转手的时候需要收取一定的赋税，但是如果把比特币作为一项长期的投资行为的时候，由比特币产生的利润就是投资的收益，不需要缴纳税费。

目前，世界上唯一一个明确反对比特币的大国是俄罗斯。早在2014年8月，俄罗斯财政部就发布了法律，全面禁止比特币和相关代替性货币的交易活动，同年10月又增加修正案，详述了对于包括企业和公民发行、创建或故意传播有关数字货币的相关信息在内的一系列活动处以行政罚款的法律方案，并明确表明该法律适用于从矿工、交易所到普通用户的几乎全部比特币行业从业者。俄罗斯目前面临着三大严重的经济问题；西方经济制裁、卢布大幅贬值以及国内通胀严重，基于现状，俄罗斯政府担心比特币冲击卢布地位或者干扰政府货币政策，甚至滋生洗钱等非法行为，也是可以理解的。

总体来看，全球范围内大部分主要经济体国家都已正面回应了比特币这一行业的发展，绝大多数国家都是将比特币定义为资产或商品。但是，从各国的监管体制中可以看出政府对于比特币的态度均非常谨慎，对于其风险始终较为忌惮。下面，我们具体分析比特币目前所面临较难解决的风险问题。

1.3 比特币市场风险和技术难题

对于比特币来说，当前亟待解决的问题主要集中在两大方面：一方面是其作为商品，在本身的买卖交易过程中的风险；另一方面是其作为资产，在充当货币媒介承担支付任务时的风险。

目前来讲，比特币仍然是处于发展初期，全世界范围内对它的核心技术有专业理解的人群非常小，然而比特币的交易市场却是完全开放的。也就是说，无论是否对比特币技术有了解，只要有资金和投资意愿，都可以参与比特币的买卖。这就导致了比特币市场参与者的信息不对等，对专业知识相对较弱的投资者形成威胁。已经有欧美专家运算得出，在现在的比特币市场上，某机构只要通过大量挖矿或收购的方式持有总比特币量的25%，就拥有了完全操控市场的垄断力。欧洲央行的研究报告也指出，潜在用户难以理解复杂的比特币产生系统，尤其是其供给完全与需求挂钩这一特征。这意味着比特币用户如果要变现，就必须有新的比特币需求出现。一旦用户试图变现而网络上的流动性不足，整个系统就有坍塌的危险，就如同当年的庞氏骗局。当前的比特币市场价格迅速攀升，势头强劲，1 枚比特币的价格从 2009 年诞生之初的 3 美分一路提高到 2013 年 12 月 4 日的历史高点 1147 美元，然而，因为中国人民银行发布了《关于防范比特币风险的通知》，仅仅两周后就跌至 520 美元左右；早在 2011 年，Mt. Gox 曾公布发现了一个安全漏洞，即使承诺将快速弥补，比特币的价格仍然马上从 15 美元跌至 1 美分。这些例子都显示出比特币如过山车一般的价格波动情况，使长期投资几乎毫无可能。即使大多数比特币投资者都采取短期买入卖出的方式，仍然无法降低使用交易平台的风险，上文提及的 Mt. Gox 和 Flexcoin 就是鲜明的例子。事实上，投资者很难确定这些声明“遭到黑客攻击”的交易平台究竟是真的受到攻击还是以此为由卷款潜逃，也无法向监管方提出维权诉求。

如前所述，在世界范围内，比特币交易大多数时候受到法律保护，是建立在它被定义为虚拟商品的基础上的。作为“货币”，比特币尚未在任何国家确立法律地位，既没有以金银等金属货币为基础，又没有国家信用担保的情况下，比特币的价值完全取决于市场上玩家的信心支撑。中国银行法学研究会副秘书长李爱君曾警告道：“如果发行者的信任破产或被叫停，数字化的比特币将一文不值。”从来没有任何一种货币有着如比特币一般高的投机价值，而货币的价值和可信度就在于币值的稳定。任何“币”成为货币的条件都在于，其价值需要得到固定的贵金属或者主要的国际流通货币的支撑，即便两项都缺失，也至少要有国家的强制力来保证其流通是合法的，但比特币等数字货币不具备任何这些条件。更重要的是，不受空间限制，对交易者身份匿名的比特币交易，不免为洗钱、恐怖融资等非法活动提供便利。正因为其资金流向难以监测，国际上已经开始有犯罪组织利用比特币进行毒品、枪支交易等活动。可见，如果网络与技术安全得不到保障，比特币发展将面临致命瓶颈。

前文多次强调，人类记账史的每一次发展都是为了满足日益繁荣的贸易和多样化的商业交换模式而产生的。在现在这个信息技术的时代，以电子商务为开端，逐渐发展到比特币等数字货币，面对面的商业交换正越来越多地被以互联网为平台的贸易所取代。证券、股票、外汇等蓬勃发展的金融市场让货币具有了商品属性，某些商品也具有了货币属性。商业行为的范围、规模同时急速扩大，对于这样的现实，14 世纪发展成熟并沿用至今的复式记账法，即便是与计算机技术深度结合，也无法再满足现在商业发展的需求，究其原因，是因为虽然移嫁到电子平台，其核心的方法还是没有发展。以比特币为首的电子、数字商务的尖端最新形态遭遇瓶颈，促使人们开始思考，是否又到了记账方式更新换代的时候？于是，人们逐渐把目光投向了比特币的底层技术——区块链身上。

1.4 区块链演绎金融科技未来

2016年8月底，全球四大银行瑞士联合银行、德意志银行、桑坦德银行和纽约梅隆银行在英国举行发布会，宣布已经开始联手合作开发新的数字货币，通过区块链技术来进行清算交易，并希望其未来能够成为全球银行业通用的标准。这是一个里程碑式的事件，被多方观察者评论为迄今为止银行业在提高金融市场运行效率方面达成的最具体、最具有现实意义的一次合作。然而这并不是“区块链”一词首次登上各大新闻媒体的头版头条，从支付到投票，从智能合约到追踪犯罪，区块链在短短几年的时间内飞速增长，尽管也面临一定的质疑，总的来说却在大众心目中树立了几乎万能的形象。

1.4.1 金融交易的分布式记账

“区块链”（Blockchain）这个名词初次进入大众视野时，是与比特币连在一起的。在前文对比特币技术的介绍中多次提到的“区块”（Block），所代表的是一个包含了一段时间内数次比特币网络交易的信息的数据块。区块链其实是比特币的底层技术，应用“公钥+私钥+时间戳”的方法生成的密码将每一个区块代表的交易连在一起，就成为一串区块的链条。但是，如果我们将区块链看作比特币的一部分，可谓本末倒置——实际上比特币（或者任何数字货币）的挖掘和交易，仅仅只是区块链应用范围中的一个领域。区块链的本质是一个分布式的数据库，是由全网参与者共同管理和维护的、整个网络上产生的所有合约的仓库，一旦一份合约被上传到这个仓库，任何人都无法再对其做出更改。其应用在比特币领域，保存的是比特币交易的合约，如果拓展到所有的交易类型，保存的则是所有商业行为的记录——也就是说，是一本账簿。

如果我们把区块链的数据库看作一本账本，对于它的读写就成了记账行为，以时间戳服务器和工作量证明机制为主的区块链技术，其原理就是在每一笔交易发生之后，通过全网算力的比拼，找出记账最快最好的节点，这个节点把这笔交易的信息记录为账本的新一页，然后发送给整个系统里所有其他节点。这样一来，每个节点所持有的旧账本都得到了更新，所以区块链技术也称为分布式账本（Distributed Ledger）。在“中本聪”的论文中，对这一网络的运行步骤做出了非常详尽的描述。为了理解容易，我们制作了一个较为通俗的流程图，如图 1－2 所示。

我们假设有五个分别名为 A、B、C、D 和 E 的人，每个人手中都持有一本完全相同的账簿，由 4 页账目组成，每页账目记载着两天之内所产生的所有交易。现在，我们将这五个人每人都看作一个节点，他们便形成了一个区块链网络，那么这个账簿就是一条区块链，每一页账目就是一个区块。在 5 月 11 日，账本的第 4 页中已经按发生时间的顺序记载了 4 次交易，一个新的交易发生在 A 与 B 之间。此时，产生交易的节点 A 需要向全网进行广播，报告这个交易的各项信息。C、D 和 E 得到这些交易信息后，分别将其记录进自己的账簿之中，成为第 4 页的第五号交易。也就是说，区块Ⅳ当中加入了新的信息。接下来，每个节点开始竞争，寻找工作量证明的随机数，一旦找到就马上广播通知全网络的其他节点。在我们的假设中，D 拥有算力最强的电脑，率先找到了工作量证明，因此得到了记这一笔账的权力。他马上将自己找到的随机数告知其他四个人，并同时发送自己账簿的第 4 页，即区块Ⅳ。其他节点通过解密数字密码，证明包含在该区块中的所有交易都是有效的、不存在于之前 3 页当中，因此认同了这一页账目的有效性，撕掉了自己的第 4 页，换成 D 发送的，从此以后便在这

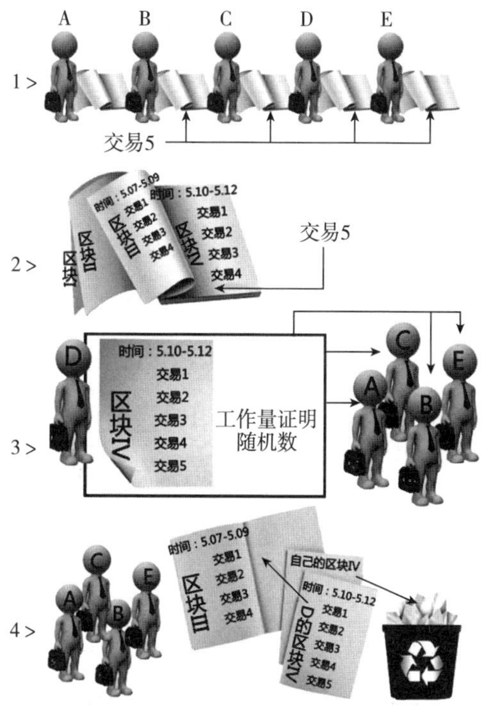

图1-2 区块链金融交易原理

一页上继续记录新的交易。也就是说，到此为止，全网络都放弃了自己的区块Ⅳ，换成找到工作量证明的节点所发送的区块Ⅳ，区块链将跟随该区块的末尾继续延长。

由此可见，任何场景，只要包含合约，都可以应用到区块链的技术，甚至不需要限制于商业行为。事实上，目前区块链已经发展出了三种不同的类型，为以后的超多样化发展打下了基础。首先是公有区块链（Public Blockchains），这一类是最早产生、目前应用也最广泛的区块链，由“中本聪”在创造比特币时建立的创世区块发展而来，各大比特币系列的数字货币基本都基于自身对应的公有区块链。其特征在于，世界上任何个人或团体都可以在这条区块链上发送交易，也都可以参与确认交易有效性的共识过程。与公有区块链对应的是私有区块链（Private Blockchains），因为其形式上的保守而发展相对滞后。这一类区块链应用的仅仅是区块链的总账技术，在存储上是分布式的，但是写入权限依然由某个公司、机构或个人独享。虽然私有区块链的应用产品尚在摸索阶段，传统金融公司、银行巨头甚至政府机构在提到尝试应用区块链的意向时，往往指的是这一类。在公有和私有之间还发展出了第三类区块链——联合区块链（Consortium Blockchains），即群体内部通过一定的过程指定出多个预选节点，给予他们记账人的权力，这类似于政治世界中广为应用的人民代表制度。区块的生成、有效性的确认等共识过程成为预选节点的责任，而其他节点只是参与交易，不过问记账过程，但是可以通过开放的端口进行查询。

1.4.2 社会数据库重构

麦肯锡2016年发表的一篇研究报告中称，区块链技术是继蒸汽机、电力、信息和互联网科技之后，目前最有潜力触发第五轮颠覆性革命浪潮的核心技术；而世界经济论坛则预计，比特币确实面临着一些问题，但这并不影响区块链技术从金融行业的边缘领域迅速发展到占据全球金融系统的核心地位。区块链究竟有什么魔力，让全世界最顶尖的人才和机构都寄希望于它身上呢?

从上文的描述中我们可以看出，区块链这种公共记账方法依赖于每个节点对于每一次区块信息增加所做出的有效性检验，每一次有效检验称为一次确认，一次交易要获得数个确认才能进行。通过这样反复的、完全基于计算机数学运算的确认过程，一直以来的会计和审计无法解决的信用问题可以得到根本的解决。正因为信用是建立在技术基础之上而不是建立在管理基础之上的，区块链得以成为可信赖的合约数据库，拥有以下五大特征：

第一，区块链是一个分散集权（Decentralize）的数据库。它不存在类似于银行和审计公司这样的中心化的管理机构，也不需要专门存储交易数据的超级计算机或专门用来监管的维护网络，这些功能都是全网络上每一个节点所有的、均等的权利和义务。

第二，区块链系统是开放的。其数据对所有人都公开，虽然交易各方的私有信息是由其公钥和私钥加密的，拥有解密权力和工具的节点就可以对信息加以解密，这都意味着整个系统的信息透明度极高。

第三，区块链系统具有自治性。区块链所采用的算法是公开且透明的，也就是说，它基于协商一致的规范和协议，因此自由、安全的数据交换得以在去信任的环境下发生于任何节点之间。通过对人的信用检验而获得的信任被对于机器绝对算法和算力的信任取代，任何人为的干预都起不到任何作用。

第四，区块链上的信息不可篡改。一旦某个区块中的信息通过了全网验证而添加至区块链中，它就被永久地存储了起来，中本聪的工作量证明机制决定了对数据库的任何修改都必须在至少控制住全网51%的节点的情况下才可能有效。更重要的是，区块链之所以为链条是因为它可以追溯，因为每个区块严格按照时间线顺序产生和串联，因此区块链上的数据都是极为稳定和可靠的。

第五，区块链上产生的交易是匿名的。区块链中节点之间的交换所遵循的是固定的计算机算法，活动的有效性由程序自行按照规则判断，交易双方无须公开身份以取得对方的信任，这打开了很多目前不能实现的交易的可能性，首当其冲获利的就是普惠金融。当然，匿名性是一把双刃剑，如同比特币有可能被应用于犯罪活动，此时区块链可追溯性的优势就充分体现出来了。虽然交易者的身份是匿名的，但交易本身永远无处隐藏。

正如世界经济论坛的报告所指出的，银行业最初对区块链持非常怀疑的态度，因为基于它的比特币曾经被用于毒品交易和犯罪活动。而近两年来，区块链技术所能提供的更加安全、透明和有效的资金转移和交易追踪对于银行来讲越来越具有吸引力，在中介机构可信赖程度越发下滑的现实中，很多银行开始集中精力开发、创造无须使用比特币的区块链。目前看来，区块链技术在包括支付、金融交易、物联网在内的多个领域都存在着广大的应用潜力。在支付方面，绕开了第三方的区块链支付大幅度改善了安全性、降低了支付成本、缩短了处理时间；在金融交易领域，时间的缩短更是可观，研究表明区块链技术可以将结算审核的时间从目前的小时级降至秒级，审计业务也受益于区块链的不可逆性和时间戳功能，只需要跟踪区块链就可以实时监控公司账本，大大减少对于审计员的依赖，使审计业务变得更为高效。在物联网行业，市场上智能设备的数量目前呈现指数级增长，而区块链技术则可以在这些设备之间建立直接沟通的桥梁，而安全性和私密性却因为分中心化的共识机制而不会遭到任何损害。

除此之外，区块链技术让智能合约这一长期以来停留在概念级的术语得到了实体化的可能。当一段程序代码被部署在共享的、分布式的账本上时，它不再是一个简单的程序，而是一个自足的经济活动参与者，它由事件驱动，具有状态，可以维持自己的状态、控制自己的资产、对接收到的外界资产或信息进行回应。例如，大型零售商通常会从供应商处享受到一定的进货折扣，但是折扣的大小却与特定时期内的销售量和许多其他因素有关，因此，商店和供应商之间总是要达成复杂的协议。为了保证自己在合约中拥有的价值得到充分的体现和实行，合约的每一方都需要采取独立的手段，不能完全相信对方，一旦发生违约，还需要后续的调解和法律手段进行干预。这些都造成了合约执行起来效率低、成本高、摩擦时有发生。如果这份合约是智能的，零售商可以向计算机程序发送价值为 A 的折扣前货款，由程序预测出可能的折扣后款额 B，然后将 A 与 B 之间的差价返还给零售商，但是暂时保管折扣额 B。到了月底，根据销售量和各项其他因素的情况，程序确定地知道了本月零售商应当享有的折扣率，便将保管的价值为 B 的款项调整计算，多退少补给各方。区块链技术使得智能合约的程序作为一个节点接入了网络，接收网络上所有的交易信息，让整个机制能够运转起来，智能合约终于可以从理论转为实用。区块链结合智能合约之后，将打开大面积的商业应用空间，用户可以在包括众筹协议、货币、投票、金融衍生品、公司管理应用等各个领域创建任意的高级智能合约。这种合约的实行能够最大限度上保证公平、防止违约情况发生。

区块链技术甚至可以帮助执法、监管和政策实施。英国政府首席科学顾问在 2016 年发表的一份报告显示，区块链技术可以在税收、救济金发放、护照颁发和土地登记等方面为政府提供帮助，并“从总体上确保政府记录和服务的完整性”。已经有一些创业公司先政府一步开发了区块链在监管方面的潜能。位于伦敦的艾弗莱杰（Everledger）公司利用区块链监督钻石的来源，帮助买家和保险公司追踪钻石物主的身份，发现被窃或冲突区域的钻石。该公司通过扫描，收集每颗钻石的 40 个特征，以此生成“钻石的数字指纹”，然后保存到比特币的最小单位（为了纪念“中本聪”，这个单位名为 1 聪）上，把比特币变成钻石在区块链账本上的替身。到目前为止，Everledger 的区块链账本上已经记录了将近 86 万颗钻石，钻石每次易手时，代表它的那个独一无二的比特币都会跟着转移，留下一条物主身份的区块链，它不可篡改，可一路追溯到钻石最初的来源。迄今为止，该公司已经获得了 50 万英镑的融资。这种将元数据附加到比特币上，让它们代表实际资产的方式被称为“彩色币”，以色列公司可鲁（Colu）专门从事“彩色币”的应用，包括汽车所有权的转让、歌曲版权等，已经与多家制造、服务公司开启了合作。

自然，区块链技术的一切都尚在襁褓阶段，在纷繁的区块链应用可能性当中，目前真正有实用案例的屈指可数，发展最快的领域仍然集中在金融市场。例如，总部位于纽约的区块链创业公司全球区块链标准协会发起的 R3 全球银行业区块链联盟，至今已吸引了包括富国银行、美国银行、纽约梅隆银行、花旗银行、德国商业银行、德意志银行、汇丰银行、摩根士丹利、澳大利亚国民银行、加拿大皇家银行、瑞典北欧斯安银行（SEB）、法国兴业银行在内的国际银行巨头，中国的平安集团在 2016 年 5 月成为该联盟最新的第 44 位成员，也是首位来自中国的成员。R3 正在与澳洲联邦银行、西太银行、澳大利亚国家银行和麦格里银行合作，尝试创建一个银行及用户将会共同遵守的标准。而基于区块链技术的贸易金融应用程序也在各银行业巨头的短期计划之中，根据彭博（Bloomberg）的报道，桑坦德银行、汇丰银行、美国银行和新加坡争端解决机构等都认为这样的应用程序可以减少与贸易相关的文件欺诈案件的发生。在接下来的章节中，我们将分别详细地讲述区块链在银行、证券、保险和金融服务这四大行业的应用。

1.4.3 区块链技术鸿沟

毫无疑问，区块链技术的热度还将持续，未来不短的时间内都将是各行业关注的焦点。然而就在最近，越来越多来自专家和业内人士的声音开始呼吁理性看待区块链，甚至有人称其为一场骗局。将区块链认定为骗局也许有失偏颇，但是不得不承认的是，虽然区块链为我们绘制出了美好宏大的蓝图，但发展这项技术方面的挑战也不可谓不严峻。目前，区块链主要面临着来自技术性能和安全风险两方面的瓶颈。

在技术方面，目前市场上的区块链系统的性能很难满足实际业务需求，例如，中本聪所创造的比特币的区块链每秒最多处理 7 笔交易，而在 2015 年的“双十一”期间，支付宝创造了每秒交易 8.59 万笔的峰值，可见想要大规模地在电子商务、金融交易中应用区块链，必须首先突破性能这一道关键的技术壁垒。另外，全球范围内规模如此庞大的交易所产生的数据量是难以想象的，区块链技术就算与大数据、云存储等技术高度结合，也不可能承载实际业务中所有的数据，因此交易各方必须考量在区块上放什么样的数据，这将会引发信息选择方面的难题，扩大了应用规模后，区块链网络能否保持可靠的稳定性也是需要进一步确定的问题。要想解决这些困难，对于计算机技术人才的需求非常高，然而目前看来区块链使用门槛过高，能够理解概念的人本就不多，其开发语言更是让很多专业软件工程师都感到难以轻易上手。现在区块链行业所拥有的这很小一部分先驱开发者都是专门研究区块链技术的专家，已经基本完成了对区块链的底层设计，接下来的工作重点将在于针对行业的功能、性能双方面优化，以满足实际应用的需求。针对应用场景进行优化的前提是首先了解整个系统的设计理念，这不可避免地要求属于各行各业的开发者们熟练掌握区块链技术，但学习理念并非一朝一夕之事，人才短缺将在一段时间内掣肘区块链的发展。

从信息安全的角度出发，区块链存在的技术漏洞让一些金融机构敬而远之——如果这些漏洞本身就存在于智能合约的执行代码中，对于黑客的防范将变得十分困难。2016 年 6 月 17 日，刚刚在 5 月创造了全球最高众筹纪录、基于区块链智能合约的众筹项目“道”（The DAO）由于智能合约代码中存在漏洞，受到黑客攻击，被劫持了 360 多万以太币（另一种数字货币），约合 6000 万美元。这反映出，从理论上讲绝对自动和客观的智能合约无法避免实际操作过程中的技术风险和主观上的道德风险，必须要在去中心化与中心化之间寻求平衡。在未来的发展中，必须强调基于区块链技术的应用平台的风险防控，因为其具有不可篡改、不可逆的性质，一旦代码的漏洞遭到黑客入侵，任何解决方案的成本都将相当高昂。并且，目前还没有形成任何系统化的对于区块链平台上的投资者的保护机制，在

The DAO 受到攻击之后，投资者无法通过法律程序来保障自身的利益。因此，必须加强对相关的法律和监管制度体系的研究，有了成熟法规的保障，区块链技术应用才能够健康发展。此外，人们还关心用户隐私和商业机密如何得到保护的问题，区块链的设计规定了一个用户必须长期使用一个账户，这样做的问题在于，任何一个账户都可能受到来自任何节点的不限次数的查询，其所有交易信息、存款欠款数额等都几近透明，这无论是对于个人、企业还是金融机构来讲都是难以接受的。

虽然目前这两大难题似乎给对于区块链颠覆能力的火热期待泼了盆冷水，但我们不难发现，随着技术人才、相关法规的发展，这两大壁垒被突破其实指日可待，区块链的未来发展仍然值得期待。

从人类的经济、商业活动对于记账行为不断提出的新需求着眼。当今世界深深依赖着的复式记账法，是理解某公司核心财务状况的必然选择，但是早在20 世纪早期，德国社会学家维尔纳·桑巴特就对现代资本主义是否仍然一直需要这样的簿记提出了质疑。回溯人类的记账式，我们发现，不止是商业的发展推动了记账行为的进化，新的记账行为更为现行的资本秩序、社会规则开启了前所未有的可能。正是因为威尼斯式记账法中将资本账户与利润账户做了划分，商人们才学会不仅核算现时的经营成果，而且长远规划未来的经营活动。也正是因为这一记账技术的变化，资本的概念才得以具体化，资本主义的利润目标才取代了中世纪社会的宗教灵魂，我们现在所看到的资本主义世界秩序才完整地得以落地。由此可见，毫无疑问，技术的根本重要性不仅仅在于它能多么准确地记录商业行为，更在于它能够如何定义商业世界的未来。如同前文所描述的，区块链所带来的分布式记账技术，在很大程度上可以定义我们现在所处的商业世界的未来。从比特币到数字编程社会，区块链势必将改变我们生活、生产的各个方面，充满无限的可能。

第二章

区块链在银行业的应用

2.1 区块链是传统银行的战略性机遇

自2008年比特币概念诞生以来，诸多领域开始关注其底层技术——区块链。区块链本质是一个多中心化的分布式数据库，具有多中心化、开放自治、匿名、不可篡改等特性，这使区块链成为全球创新领域最受关注的话题，并被认为是“目前最有潜力触发第五轮颠覆性革命浪潮的核心技术”。从最初的数字货币，到证券交易结算、会计审计等涉及合约审核的金融领域，再到政府、医疗、征信体系等公共领域，区块链的版图正在迅速扩张，在全球金融领域形成一次历史性的技术和商业变革。

2.1.1 互联网金融对传统银行的挑战

近年来，随着互联网金融的崛起，余额宝、P2P（个人对个人）和第三方支付平台等形式加快了“金融脱媒化”的进程。这种“轻资产重服务”的模式使得商业银行的传统金融业务受到严重冲击，传统银行业的变革和转型迫在眉睫。受用户需求以及市场竞争压力推动，传统银行纷纷开始布局互联网金融。目前，国内至少有30家传统银行已经对发展互联网金融进行整体布局规划。以中、农、工、建、交组成的大行梯队为例，工行布局“三大平台 + 三大产品线”，计划利用全行科技优势和金融实力，通过建立信息经营机制、探索直销银行运作模式、推进线上线下服务一体化进程等有力措施，打造一个全新的“电子工行”（e－ICBC），确立在互联网金融领域的领军地位；农行在组织架构内成立网络金融部，使互联网金融业务的研发和推进更具独立性和专业性；建行依托“善融商务”电子商务平台的先发优势，对互联网金融业务进行整合和创新，支持担保支付、在线个人贷款和账单分期，致力于打造国内创新型电子商务金融服务平台。

尽管布局宏大，但传统银行在转型效益上却并不理想。工行的“融e购”和建行的“善融商城”都希望通过积分消费形式发展电子商务，并由此切入互联网金融领域。但线上商城商品品类少、客户引流和支付场景等问题制约这些传统银行进一步开拓互联网金融渠道。究其原因，主要有以下几点：①国有银行因为既得利益的限制，无法达到互联网理财平台高收益的水平，而互联网平台因为低成本优势和引流需求，可以向客户出让大部分收益。②传统银行的服务对象主要是国企、大中型企业和地方政府，而普惠的互联网金融服务于个体和有资金需求的中小企业，恰巧是传统银行的缺口所在。③监管层对商业银行的严格监管限制了银行业务和资源的扩张，约束了创新业务的发展。而监管的滞后性给了迅速崛起的互联网金融业务一个发展壮大的空间，使得平台有机会去不断地创新和开拓。④互联网金融良好的客户体验，低成本高效率的业务质量吸引大部分客户从传统金融向互联网金融过渡。正因为上述原因，传统银行在互联网化的浪潮中步行缓慢，这也驱使传统银行不断寻求新技术和新途径来加快互联网进程。在区块链盛行的趋势下，商业银行积极带头开发应用区块链技术，对当前中心化的银行系统进行改进，从而在竞争激烈的金融市场占据一席之地。

2.1.2 区块链成为银行业变革利器

虽然商业银行在应用区块链时面临诸多挑战，例如需要完善的大数据管理机制，对物理集中式的一本账架构改革，以及监管层审慎监管的态度，但这并没有影响商业银行积极开发区块链技术的态度和决心。以 R3 CEV 为例，截至 2016 年 8 月，金融技术公司 R3 与巴克莱银行、花旗银行、汇丰银行、高盛和摩根大通等 60 家跨国银行集团合作，致力于区块链分布式账本的技术研发和应用探索，以及制定行业标准和协议。在中国，由万向区块链实验室发起的中国分布式总账基础协议联盟（China Ledger）也于 2016 年 4 月成立，由 11 个区域的商品交易所、产权交易所及金融资产交易所组成，主要致力于研发符合中国法律法规政策、中国金融行业业务逻辑和监管制度的区块链技术及底层协议。

区块链技术改变了传统银行的业务模式和技术特点，而让国际金融巨头和国内商业银行应用区块链的真正动因，主要是以下三点：首先，降低成本和价值转移。商业银行的中心化集中式数据库一方面需要投入大量成本建设配套机房和服务器，终端维护和购置成本高；另一方面，大量的记账和结算工作增添了人工成本，同时增加了人为操作风险。而区块链技术基于多中心化、不可篡改的分布式记账规则，减少了银行的硬件购置成本，并通过智能合约简化手工金融服务流程，从而降低人工成本，提高效率；同时，借助区块链多中心化、公共自治的数据结构特性，能让交易双方在没有第三方信任中介背书的情况下开展经济活动，减少了信息传递成本，实现了全球低成本价值转移。

其次，有效控制信用风险。商业银行作为中心化的资金周转与流通的中介机构，强调贷款用途的监测和追踪，但实际可操作性并不强，不能实现资金流通的全球化监管。而区块链技术的多中心化特征，将每个用户当作区块链的一个节点，实现借款人与贷款人的点对点直接交易，省去了银行作为中间机构的信用担保，极大程度降低了由于信息不对称带来的信用风险，并提升了贷前审批和贷后管理效率，实现资金流通的精细化管理。

最后，寻求创新盈利途径。区块链的应用场景如此广泛，各行业都在寻求应用区块链技术的有效途径，不仅在银行业和支付领域，在音乐、医疗、选举、非政府组织等方面也有积极影响。在金融领域，越来越多的行业巨头加入对区块链初创公司的投资，或者与初创公司合作，其中既包括了银行，也包括第一资本（Capital One Financial）、花旗创投（Citi Ventures）和费哲金融服务公司（Fiserv）等投资机构。在这样激烈的竞争背景下，银行需要寻求创新的盈利模式来开发金融产品和开拓市场。比如，区块链多中心化的特性摊薄了服务器维护的电力成本及挖掘比特币的矿工成本，使得低成本的小额支付成为可能，银行可以大量挖掘在区块链节点中的但未获得银行账户的用户，针对这一部分潜在用户开发新产品，探索新型盈利途径。

2.1.3 区块链银行应用的优势

在竞争激烈的金融市场上，商业银行的竞争压力主要来自两个方面：一是同业竞争；二是金融科技公司互联网金融业务的迅猛发展。未来，银行和金融科技公司的竞争很可能演变为记账权之争。区块链平台的本质是一个分布式记账账簿，账簿本身并不具备价值，真正价值是体现在线下资产转化为平台上的数据所承载和传递的价值。所以，不论是传统银行布局的区块链平台，还是金融科技公司搭建的区块链平台，它们的核心价值都要通过线下资产注入线上平台的程度和规模来实现。因为区块链多中心化的特点，要求货币发行权相对独立，但同时监管机构又不会放弃区块链线上货币与法定货币的固定兑换率，这就形成了一个“不可能三角问题”。商业银行在解决这个问题上，比金融科技公司有优势：银行本质上是一个以法定货币为记账单位的中心化账簿管理机构，与拥有独立记账单位的金融科技公司相比，直接将区块链平台线上货币与法币对接，具有固定兑换率的优势。

除了记账权的优势，商业银行还具备监管成本低的特点。相比从零起步、资金和资源都相对紧张的初创公司，商业银行有政府政策的大力扶持，以及与监管机构打交道的便利条件，从而减少获取和维护相关牌照的巨大成本。同时，消费者信任度高也是另一大优势。互联网金融的迅速发展，衍生出一批如 P2P、众筹、高收益理财等互联网金融产品，而高收益伴随高风险，网贷问题频发、P2P 频繁“跑路”等问题也让谨慎的投资者望而却步。银行在这方面具有资金和监管保证的天然优势，对于区块链这个大多数消费者都不了解的领域，传统的商业银行长期积累的信誉可以减少投资者的顾虑，尤其对那些寻求创新投资途径来扩大收益的投资者来说，银行区块链平台会是不错的选择。

2.1.4 银行全业务链区块链解决方案

区块链对商业银行传统金融业务的创新和变革体现在方方面面，从银行业务到交易参与方，再到金融服务各流程环节的优化，区块链技术可以为银行系统性地解决全业务链上的痛点。详情如图 2－1 所示。

首先，区块链技术被应用于银行不同的业务线，从支付结算，到票据和供应链金融，再到“了解您的客户”（FYC）和反洗钱（AML）等风险管理领域，金融科技公司和传统金融机构都在积极探索和布局。支付结算

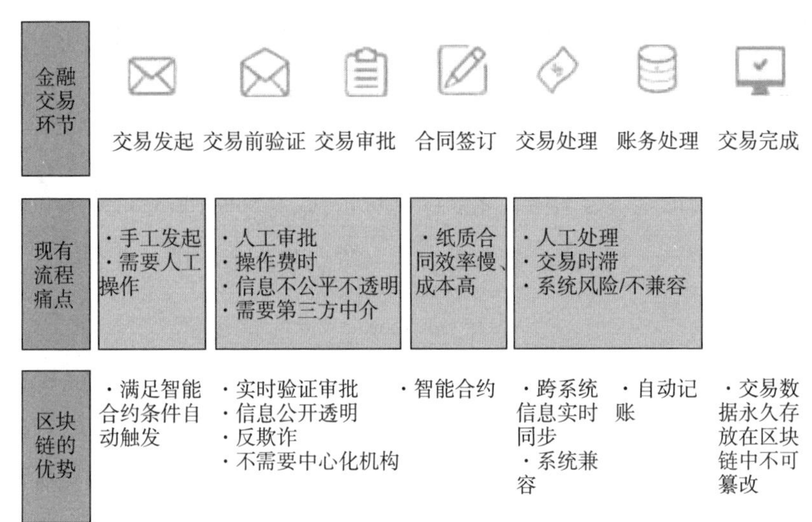

图 2－1　银行全业务链区块链解决方案

方面，R3 区块链联盟进行了跨境结算测试。瑞波（Ripple）的跨账本协议已经帮助银行间实现快速结算。美国思客公司（Circle）正致力于发展顾客到顾客（C2C）跨境支付平台。相比区块链初创公司而言，传统金融机构的尝试略显滞后，目前，摩根大通完成了货币结算的测试。韩国国民银行与 Coinplug 建立合作关系，致力于测试国际汇款。票据方面，利用区块链技术开发数字票据（以下简称“票据链”），是银行业在区块链上最具代表性的智能合约应用。票据链借助区块链平台的价值传递，不需要特定的实物票据或是中心系统进行控制和验证，降低了道德风险和操作风险。在 KYC 和 AML 方面，德勤应用区块链在 KYC 领域上颠覆了金融业现存的合规模式。链析公司（Chainalysis）也在反洗钱领域有了创新性的进展，成功地为多家银行设计了基于区块链的异常交易行为监测与分析系统。

其次，区块链技术将改变交易参与各方的金融业务模式，提高业务效率。对于银行，智能合约的应用可以节省人工审查和记账成本，大量体力工作和知识型工作将被自动化处理，人才要充分发挥自身的“认知”技能，不断向高精尖的工作方向发展。同时，利用区块链可信任、可追溯的特点，可以作为可靠的数据来源，记录反洗钱客户的身份资料和业务信息；对于银行客户，银行不再是作为信用中介存在的必不可少的一环，贷款者和借款者作为区块链中的两个节点，可以直接发生借贷行为，双方的过往交易记录和风险情况都会被记录在区块链中，资金去向和借贷人资质一目了然，达到信息的透明和共享自治。

最后，区块链可以解决金融服务各流程环节出现的效率低、成本高、欺诈和操作风险。例如，智能合约可以将烦琐的人工审批和操作工序自动化处理；在交易环节，不再需要公证、律师等中介机构介入，节省了因为信息不对称和不透明而要支付的风险规避成本；在系统处理环节，不会再由于人为操作失误和交易时滞等问题而导致损失发生；应用区块链的跨境支付结算系统为银行节约40%的交易成本，使小额支付低成本化，拓宽客户资源和市场规模。因此，区块链多中心化、公共自治、不可篡改的特性从根本上改变了中心化的银行系统的业务模式，优化银行后台和基础构架，提高服务效率和用户体验，为银行的传统金融业务向互联网金融业务转型提供契机。

2.1.5 银行业布局区块链金融的四种模式

从2008年“中本聪”提出区块链和比特币的概念，其不可篡改和匿名共识的特性让区块链技术迅速在金融领域受到热捧。区块链技术公司和大型银行都在寻求不同的方式在区块链领域开展一系列探索，具体可以概括为下述四种方式。

第一，组建区块链联盟，制定行业标准。区块链在银行业的应用方兴末艾，无论是在数字货币方面的应用，还是作为跨境支付结算平台，区块链的发展都面临技术、模式选择以及监管合规风险。在未来，需要区块链金融科技初创公司、传统银行以及监管机构三方合作来制定区块链的应用方向和准则。目前，以摩根大通、花旗银行和高盛为代表的国际金融巨头已经与金融科技公司 R3 合作制定 R3CEV 联盟，致力于建立区块链行业的监管依据和行业准则，从而把握市场风向标，占据主动优势。

R3CEV 组建金融科技公司与全球领先银行的行业联盟，制定区块链行业标准，并开发基于区块链技术的符合行业监管要求的分布式账本体系。R3CEV 成立于 2015 年 9 月 15 日，成立之初便吸引了包括高盛银行、摩根大通银行、巴克莱银行在内的九家国际银行巨头参与。之后的短短三个月内，又有包括北美、欧盟、日本、澳大利亚等区域的共计 33 家国际银行机构加入，迅速成为区块链行业的焦点。2016 年重启第二轮合作之后，日本 SBI 控股、韩国韩亚金融、巴西义道银行（Itau）、中国平安、丰田金融、巴西布拉德斯科银行、南非联合银行 Absa、中国招商银行等金融机构也加入联盟，至此该组织已有 60 家国际金融机构成员。其中 CEV 代表公司的三项垂直业务：密码学、交易、风险投资（Crypto、Exchanges、Ventures），致力于为金融创新者提供专业的解决方案。

超级账本（HyperLedger）项目是一个试图联合巨头公司推进区块链交易验证的开源项目，于 2015 年由 IBM（国际商业机器公司）的 Linux 基金会发起，成员包括金融机构、金融科技公司和其他产业的企业，致力于发展一个跨行业的开放式标准以及开源代码开发库，允许企业创建自定义的分布式账本解决方案，以促进区块链技术在商业当中的应用。就像 IBM 的区块链技术副总裁所说的，HyperLedger 的目的是“重新设计一个区块链结构，这不是在某些行业创造一个联盟，而是为商业建立一个区块链”。

ChinaLedger 联盟由万向区块链实验室牵头于 2016 年 4 月成立，并由

11 个区域的商品交易所、产权交易所和金融资产交易所组成，中国证券业协会互联网证券委员会在该项目中扮演顾问的角色。该联盟致力于创建一个开源的区块链协议，并结合中国政策法规和中国金融行业特点，开发符合我国国情的区块链底层协议，为政府的金融部门制定并实施分布式分类技术。目前，中国的 ChinaLedger 项目受到很多区块链专家的支持，包括比特币核心创始人杰夫·卡兹克、R3CEV 联盟的蒂姆·斯万森以及以太坊创始人维塔利克·布林特等。

第二，商业银行内部成立区块链实验室。除了与金融科技公司共同建立联盟制定行业标准，许多大型银行纷纷成立内部的区块链实验室积极开发区块链技术，储备区块链高端人才，并探索符合银行自身特点的区块链应用场景优势。比如，瑞士联合银行集团（UBS）、花旗银行、纽约梅隆银行等均已成立区块链实验室，针对数字货币、跨境支付结算等应用场景进行研发探索。

巴克莱银行于 2015 年 9 月宣布计划让客户通过与比特币兑换中心合作，帮助慈善机构接受比特币捐款，自此巴克莱银行成为英国首家接受数字货币交易的银行。花旗银行作为在区块链领域研究多年的老牌银行，开发了三个不同的区块链分布式总账系统，并创造了自己的数字货币——花旗币（Citicoin），主要聚焦于区块链应用于跨境支付结算领域的研究，曾与电信运营商萨法利网络（Safaricom）合作，将区块链技术应用于手机点对点支付。瑞银的研究领域主要针对区块链对债券发行和清算领域的影响，例如如何提升效率和降低清算成本。总之，各大国际领先银行积极布局区块链实验室项目，通过自主研发或借鉴金融科技公司的领先经验，针对自身优势开发区块链应用场景的探索和研究。

第三，投资金融科技初创公司。大型银行在组建区块链行业联盟和成立内部区块链实验室的同时，也在积极寻求与区块链金融科技初创公司的合作。根据银行与金融科技公司合作程度的深浅可将合作模式分为参与区块链项目、投资区块链初创公司以及直接与金融科技公司达成合作等形式。许多大型跨国金融集团选择以创投的形式涉足区块链领域。2015 年 5 月，高盛联手美国国际数据集团（IDG）、贝瑞尔资本（Breyer Capital）向专注于数字货币发行技术和比特币钱包应用的 Circle 公司注资 5000 万美元，截至目前，Circle 公司通过 3 轮融资共募集 7600 万美元。同年 7 月，西班牙对外银行的旗下子公司以股权创投的方式参与了以比特币交易平台开发和钱包应用见长的 Coinbase 的 C 轮融资，试图通过区块链技术建立完全多中心化的银行体系。

第四，与金融科技初创公司达成合作。与区块链金融科技初创公司合作来加速完成区块链技术开发和应用也是银行改善中心化系统、完善业务模式和提升服务质量的一个渠道。例如，维萨（Visa）通过与区块链公司“链条”（Chain）合作来提升信用卡交易效率，同时增加交易的安全性。目前 Visa 的支付平台每秒最大承载 6500 笔交易，通过区块链技术的改良，希望将交易效率翻倍。同时，区块链技术的不可篡改和公共自治的特性保证了信用卡交易的透明和信息安全，在未来，Visa 希望加强与 Chain 的合作来丰富自身业务，探索进一步发展方向。

跨国金融机构与开源软件 Ripple 合作发展区块链技术的例子也并不罕见。例如，星展和渣打银行 2015 年底宣布与 Ripple 合作，利用其跨境结算支付平台来实现实时的点对点的跨国转账，提高流程的自动化程度并加强支付结算的安全性。他们相信，通过区块链的多中心化、不可篡改的特性能节省支付转账中的跨境结算费用，降低贸易链条上的欺诈和违约风险，从而提高银行的跨境结算能力。澳大利亚联邦银行也与 Ripple 展开合作，创建了一个在其子公司之间支付转账的私有区块链体系。

区块链技术对传统银行金融业务的革新引起世界范围的关注，目前各国领先银行在区块链技术方面都有不同程度的开发和应用。

韦尔社区银行（CBW）是位于美国堪萨斯州的韦尔的一家具有100多年历史的小型社区银行，它与数字货币公司Ripple旗下的实验室（Ripple Labs）合作建立一个实时支付系统——“唯一卡”（ONE Card），为支付结算系统提升效率并降低支付交易成本。

纽约梅隆银行利用区块链多中心化、不可篡改的特性，对银行内部的客户服务器系统进行改进，提升金融交易效率。同时，该银行还在内部员工薪酬系统中推出了BK币（BK Coins）用以兑换礼品卡、优惠券和其他津贴。

由爱沙尼亚的LHV银行建立的汇款应用平台库伯（Cuber）致力于应用比特币技术来完成支付和交易。这项Cuber技术使用区块链技术在安卓和苹果设备的移动终端上开发免费的点对点法币交易的钱包应用。该项目使用的是彩色币的方式，作为合作伙伴的瑞典彩色币技术公司克洛维AB（ChromaWay AB）将帮助LHV银行创建并开发Cuber平台。

巴克莱银行于2015年9月宣布计划让客户通过与比特币兑换中心合作，帮助慈善机构接受比特币捐款，自此巴克莱银行成为英国首家接受数字货币交易的银行。另外，巴克莱银行将三家区块链初创公司萨法罗（Safello）、地图集（Atlas Card）和区溯（Blocktrace）加入到它的金融科技孵化器中，不断探索区块链技术对银行服务业的应用和革新。

澳大利亚的三大银行利用Ripple的区块链分类账系统提高跨境支付结算交易效率；澳新银行（ANZ）和西太平洋银行（WESTPAC）尝试利用瑞波系统来跟踪支付；西太平洋银行已经完成向两个国家进行小额跨国支付的尝试；澳大利亚联邦银行（CBA）主要利用该系统帮助其附属子公司完成机构之间的支付结算。

瑞银设立区块链研究室来探索区块链技术如何使金融交易变得高效，

它们相信，区块链技术将改变支付、交易和结算方式，全方位改变金融业务服务模式和技术结构。瑞银的研究领域主要针对区块链对债券发行和清算领域的影响，例如如何提升债券发行效率和降低清算成本。

位居福布斯全球第十大银行的西班牙国际银行（Santander Bank）目前已发现了20～25种可以应用区块链的场景，它们预计，区块链技术会为银行节省2亿美元的基础设施建设费用。

2.2 数字货币是区块链金融的先行者

2.2.1 数字加密货币的实践应用

以比特币为代表的数字加密货币自诞生以来，因其非对称式的加密原理和分布式的网络结构迅速受到学界和金融界的广泛关注。而比特币的发展离不开构建比特币数据结构与交易信息加密传输的底层技术——区块链，其多中心化、不可篡改、高度共识和匿名安全的特性尤为受到金融机构的青睐。在这种分布式的比特币支付体系中，不再需要第三方机构提供信用，各个交易节点共同记录和存储数据，所有交易都必须得到全网共同验证和认可，因此金融交易行为的效率和安全都得到大幅提升。

比特币区块链的技术堆栈层级可以被分为三层：第一层是底层技术——区块链，区块链是一种多中心化的、不可篡改、高度共识和匿名安全的分布式记账体系，试图构建一个“完全是点对点、不涉及被信任的第三方的电子现金系统”。在这个分布式系统中，数据由所有网络节点共享，每个节点都对数据库中的交易进行监管，因此没有一个人可以完全单独控制和拥有这个数据库。第二层是协议，这种协议描述资产是如何在区块链上转移的。第三层也就是顶层是货币本身，目前已有上百种数字加密货币，其中比特币是最先提出的并且是最被广泛接受的，其他包括莱特币（Litecoin）、狗币（Dogecoin）、瑞波币（Ripple）、未来币（NXT）和点点币（Peercoin）等。需要说明的是，对于所有数字加密货币而言，这三种技术堆栈层级是一种通用结构。每个独立的数字货币都有自己的协议，并且可能基于独立的区块链体系运行。独立的区块链体系意味着这种货币将会有自己的多中心化总账，当然，也有一些货币如“合约币”（Counterparty），它拥有自己的货币总账，但是基于比特币的区块链运行的。

在互联网金融形态下，有良好信誉和支付功能的网络社区将逐渐开发自己的货币——虚拟货币，目前现有的虚拟货币包括：比特币、腾讯公司的Q币、脸谱网（Facebook）的脸谱信用点（Facebook Credits）、亚马逊公司的亚马逊币（Amazon Coins）、暴雪公司的魔兽世纪G币、林登实验室的林登元（Linden Dollars）等。在网络游戏、社交网络和虚拟支付平台中，这些虚拟货币被应用于虚拟商品和服务的有关交易。虚拟货币也经历过历史的兴衰，曾经红极一时的斌资（Beenz）和福罗兹（Flooz）失败的原因之一是“无法获得足够的实用性和识别性去吸引关键多数群体的参与”，而林登元也由于开发者缺乏管理和监管而再次失败。基于非对称的加密原理和分布式网络结构的数字加密货币以其多中心化、不可篡改的特性引起了学术界的广泛探讨，如果这种数字加密货币能拥有广阔应用场景，将从根本上改变银行业和金融业。

虚拟货币与法定货币的兑换关系存在差异。有些虚拟货币与法定货币之间不存在兑换关系，例如魔兽世界G币，只能在网络游戏社区中获得和使用；有些虚拟货币可以单向地由法定货币来购买，但不能兑换为法币，例如Amazon Coins和Q币；还有些虚拟货币与法定货币可以自由地相互兑换，并用来购买真实和虚拟的商品或服务，例如比特币和 Linden Dollars。欧洲央行的研究表明，2011 年美国虚拟货币交易量达到 20 亿美元，已超过了一些非洲国家的 GDP（国内生产总值）。传统支付行业纷纷进入虚拟货币领域。例如，2011 年 VISA 斥资 1.9 亿美元收购游乐城（PlaySpan）公司，该公司主要负责为数字商品交易提供支付平台；美国运通收购索美度（Sometrics），这是一家为视频游戏制造商建立虚拟货币的公司，该公司计划利用其商户关系优势拓展业务渠道，为其他行业也建立虚拟货币平台。移动支付的兴起，使得虚拟货币的便利性和广泛适用性得到充分体现。与现金和黄金等硬通货一样，虚拟货币将数据与货币结合起来，为虚拟和现实商品的交易提供偿付和记账手段。

虚拟货币有以下六大特征：

（1）不受监管或很少受到监管地在某个网络社区内发行和管理；

（2）多以数字形式存在；

（3）网络社区有自己的支付系统；

（4）数字货币被网络社区内的成员普遍接受和使用；

（5）可以购买网络社区内的虚拟或实物商品和服务；

（6）可为虚拟或实物商品标价。

其中，第四个特征意味着虚拟货币可以作为一般等价物；第五个特征代表虚拟货币有交易媒介的功能，并且具有价值储藏功能；第六个特征代表互联网货币有计价功能。因此，虚拟货币满足一般意义上的货币的基础功能，即交易媒介、计价单位和价值储藏功能。新货币经济学提出货币的交换职能和记账职能相分离的观点，而数字加密货币的应用被认为是该理论的一次实践。

新货币经济学理论（New Monetary Economics）提出货币的记账单位和交换媒介相分离的可能性。该理论认为，中央银行和法币不是经济活动发生的必要条件，传统基础货币的记账单位和交换职能可以转化为两种不同的媒介。记账单位是纯粹抽象的，可以与任意的交易行为建立映射关系，与交换媒介职能的资产完全剥离开来；而交换媒介都是内生的，不需要中央银行和法定货币来实现价值交换，可以用任何形式资产实现债权转让。

在金融历史上，新货币经济学提出的记账单位和交换媒介相分离的理论曾经在非洲原始民族有过实践。曼迪果人使用的一种叫作“马居特”（Macute）的抽象记账单位。西斯蒙第在《政治经济学新原理》中提到：“马居特与任何事物都不相干，而只是人们想象出来用于比较商品价格的一个名词。人们说这头牛值 10 马居特，这个奴隶值 15 马居特，那个玻璃项链值 2 马居特……而实际上这些物品都是互相直接交换的。”欧洲大陆的货币制度也一定程度上表现出新货币经济理论中所说的记账单位和交换媒介相分离。金德尔伯格指出：“记账货币的计算并不需要有真正的硬币，就像人们不需要用尺子来计算距离一样。很早的时候，镑和先令是用来给商品定价的，铸成的硬币仅有银便士而已。在比较不同硬币的价值时，货币的记账单位作为货币的货币就显得格外重要了。在 18 世纪的米兰，流通于市面的硬币多达 50 种。要处理好这种局面，只有使它们等于一个抽象的，甚至是想象的单位，如利弗或里拉。”新货币经济学理论虽然在金融史上有个别案例可以阐述，但是在绝大多数情况下，货币的记账职能和交换媒介职能都是不可分割的。未来，随着比特币等数字加密货币的出现，传统货币的职能将发生巨大改变，新货币经济学的设想也将有可能实现。

自 2008 年“中本聪”提出区块链和比特币的概念后，关于区块链的衍生应用层出不穷。根据应用中记账单位和交换媒介的分离程度，可以简单将其分为四类：第一类是比特币及其同类货币，如莱特币、庇尔币等；第二类是在虚拟货币和实物资产间建立映射，如万事达币（Mastercoin）和同类币（Counterparty）；第三类是在虚拟货币和实物交换行为间建立映射，如寇迪（Codius）和艾瑞斯（Eris）；第四类是比特币跨境支付特性，如瑞波和星际（Stellar）。而货币作为交易媒介在支付体系中内生需要达到三个条件：一是“可赎型的内生货币的消失”；二是外生货币的消失；三是用资产或资产组合对记账单位进行再定义，而不是用外生货币来定义。对于第一点，随着货币市场基金型支付工具的发展，建立在股权合约基础之上的支付工具完全有能力替代以债务合约为基础的支票存款账户。对于第二点，随着电子支付工具在经济体系中的覆盖和支付习惯的改变，记账单位和交易媒介将进一步分离，最终实现法币的弱化。对于第三点，货币最初的诞生就是为了简化以物换物的交易流程，如果用资产代替货币来作为交易媒介会使交易成本提高，并产生相当大的资产之间的买卖差价。但相信在科技和通信技术都会迅猛发展的未来，以资产作为交换媒介所产生的成本将大大降低到可以忽略不计的程度。因此，数字加密货币对记账单位和交换媒介分离的论点有一定的实践作用，并会在未来衍生出更多的区块链应用场景。

2.2.2 数字加密货币类型及特点

比特币是区块链技术最被世人熟知的应用，实际上还存在许多另类区块链模式，它们的模式几乎完全独立于比特币，意在比特币的基础上弥补其技术漏洞并增强系统适用性，比如更短的交易时间、更广的交易容量、更复杂的授权特征和不同的节点共识机制等。目前，行业内比较熟知的是以Ripple币、莱特币等为代表的其他类数字货币，以及在比特币基础上为其他资产提供应用的彩色币区块链。

其他类数字货币主要利用区块链技术提供比特币以外的数字货币应用，意在改进比特币区块链的缺陷或拓宽区块链体系的应用场景。数字加密货币除了最为人熟知的比特币外，还有约克币、瑞波币、莱特币和 UNC 联合币，其市值之和占整个数字货币总市值的 95%。

图 2－2　类数字货币市场份额

数据来源：申万宏源．区块链技术：颠覆式创新［Z］．2016－03－22

莱特币（LTC）是目前市值全球排名第四的数字加密货币，根据 2016 年 4 月的数据，莱特币市值已达到 1.5 亿美元。与比特币一样，莱特币也是基于区块链技术的数字加密货币，预期产值为 8400 万个。基于点对点的网络结构，莱特币区块链通过斯科普（Scrypt）工作量证明方案来处理交易、结余和发行。当一个足够小的哈希值被发现，一个区块就会被创建，此时就会发行莱特币，这个过程被称为“挖矿”。如果计算到“爆矿”值，则系统会一次性奖励 50 个莱特币。莱特币的发行速率按照等比数列每四年减少一半，最终达到共 8400 万个莱特币。但目前算力增长较快，普通的莱特币矿工通过几台电脑已经无法挖到币，需要将算力加入矿池，集合所有算力使得“爆矿”的概率更大。

与比特币相比，莱特币区块链的特点是：

第一，莱特币网络速度更快，处理数据量更多。比特币网络每 10 分钟生成一个新的区块，而莱特币只需 2.5 分钟，因此区块生成更频繁，支持更多交易。

第二，挖矿采用的算法不同。莱特币采用斯科普加密算法，所需时间长占用内存多；比特币采用 SHA－256 算法，属于哈希算法的一种，因此，莱特币适合显卡挖矿，而比特币适合 CPU 挖矿。

第三，莱特币有较大的升值空间。截至 2016 年 8 月末，莱特币的价格为 25 元，而比特币的价格为 3832 元，由于莱特币的总量是比特币的 4 倍，换算同等总量的条件下，莱特币的价格也仅为 100 元，远远低于比特币价格，因此未来有更广阔上涨空间。

相比于比特币，莱特币目前尚未有大型矿场进行挖矿，但随着区块链技术的普及和发展，基于区块链技术的数字加密货币将会逐渐占据社会主流地位。并且，莱特币更快的数据处理速度和较大升值空间会吸引一部分比特币矿工转型为莱特币矿工，从而收获更多挖矿价值奖励，促进莱特币价值上涨。

Ripple 币诞生于 Ripple 系统中，作为世界上第一个开放的支付网络平台，Ripple 体系的目的和比特币区块链有很大的不同。比特币试图作为国家版数字货币，改变国家对法币的铸币权和货币发行与流通的监管权，而 Ripple 体系则专注于改变全球银行跨境支付结算系统。面对传统银行间的环球同业银行金融电讯协会（SWIFT）支付系统，Ripple 提出全新的 Ripple 支付协议，支持包括比特币等虚拟货币以及美元、欧元等法币的流通及兑换。

Ripple 币作为 Ripple 体系的载体，起到至关重要的作用。首先，Ripple 币作为在 Ripple 体系中流通的虚拟货币和法币的桥梁，起到加速货币兑换与流通、降低交易成本的作用。其次，Ripple 系统通过网关系统在自身网络中建造资金进出的通道，允许交易者将虚拟货币或法定货币与 Ripple 币进行兑换。由于 Ripple 的开源性，黑客可以制造大量的垃圾账目，降低 Ripple 网络交易速度并发生不必要的交易成本。为了预防此类恶性事件的发生，Ripple Lab 要求每个账户至少拥有 20 个 Ripple 币，并且每进行一次交易会销毁十万分之一个 Ripple 币，这对于正常交易的人来说可以忽略不计，但对于大量制造虚假交易信息，也就是刷单的人来说，Ripple 币的销毁量将是一个巨大的机会成本，从而减少恶意交易行为的发生。

总之，另类区块链的发展受限于比特币区块链强大的网络效应和广阔的适用范围。许多另类区块链的发展要依附于比特币区块链的特性，同时在其基础上弥补缺陷并拓宽更广阔的适用场景。比特币区块链也会吸取其他技术或系统的优势，不断升级改善自身网络架构体系。现在，以比特币区块链为蓝图，衍生了以 Ripple 和以太坊为代表的创新体系，致力于开发基于区块链技术的支付结算平台及智能合约技术，为未来区块链技术的衍生应用提供了参考和依据。

约克币（Yorkcoin）起源于英国约克郡，是由英国联合货币金融集团运营推广的一种基于点对点技术的数字货币，它是新一代开源数字货币，也是 MIT/X11 许可下的一个开源软件项目，能够帮助机构和客户根据自身需要对软件进行修改和复制。约克币的发展基于比特币网络技术，并在其基础上发展出超越比特币原理的特征，拥有比比特币更高的匿名度、更快的处理速度等优势。第一，约克币的创造和流转是基于一种开源的加密协议，不受中央机构的监管，相比于比特币具有更高的安全性和匿名加密性。第二，约克币网络处理速度快，每分钟可处理一个区块，加速交易确认，与比特币的交易确认时间相比提高 10 倍。第三，约克币拥有特殊的“刺激存货量”以满足前期旺盛的货币需求，通过双层（Two - tier）激励模型（有别于其他数字货币的单层模型）来实现更高私密性、可互换性和更快的全网信息传播性。

联合币（Unioncoin）发布于 2013 年 12 月 8 日，是在比特币的基础上发展出的更完善、更安全、奖励更高的新型数字货币。联合币具有以下特性：一是具有 6 种加密算法（blake、bmw、groestl、jh、keccak、skein）、9 轮运算的超级安全哈希运算；二是只能用 CPU 采矿；三是最初定义为每块 512 个 UNC，每达到 8192 块会减半，预计 2080 年 7300 万个联合币会被开采完；四是每 10 秒出一个区块，速度快；五是难度根据算力会每 20 块进行微调，微调幅度最高增加 10%，最低减少 50%。

彩色币区块链基于比特币区块链提供除数字货币以外的资产应用。这些其他类型的资产包括公司股权、债券、智能资产和彩票等。其好处主要是基于比特币区块链成熟的网络效应和受众人群，可以较为直接地进行货币的发行交易和结算。未来比特币区块链发生的任何技术革新和转型升级都可以直接被应用到彩色币区块链中。唯一需要担心的是彩色币区块链中庞大的其他类型资产的交易会对比特币区块链的交易速度产生影响。

2.2.3 比特币激活数字加密货币发展

比特币自 2008 年被中本聪提出后，借助区块链技术的背景，迅速受到社会各界广泛的研究和关注。

比特币的成功得益于其自身的优势。首先，比特币数量只有 2100 万个，避免了货币通胀风险。2008 年美国的金融次贷危机波及全球，使得各国政府都推行量化宽松的货币政策，货币通胀严重，影响实体经济运行。而比特币的数量是既定的，目前比特币矿工已经挖出大概 1500 万比特币，未来比特币会因为稀缺而继续价格上扬。

其次，匿名交易，保障数据安全。区块链中节点的关键身份信息以私钥形式存在，用于交易过程中的签名确认。私钥只有信息拥有者才知道，就算其他信息被泄露出去，只要私钥没有泄露，这些被泄露的信息就无法与节点身份进行匹配，从而失去利用价值。

再次，数据公共自治，公平交易。区块链多中心化、开放自治的特征可有效解决交易风控中的数据孤岛问题，使得信息公开透明地传递给所有金融市场参与者。在区块链中，数据由每个交易节点共同记录和存储，每个节点都可以参与数据检查并共同为数据做证，这提高了数据的真实性。而由于没有中心机构，单个节点不能随意进行数据增减或更改，从而降低了单一节点制造错误数据的可能性。

最后，点对点交易成本低廉。比特币的交易双方由区块链中的节点相连，可以直接进行点对点的连接，交易成本低，使银行吸纳没有银行账户但有进行金融交易的潜在投资者成为可能，并支持高效的低成本小额支付。

比特币也存在潜在隐患。首先，比特币的定位不明确。日本认为比特币是一种商品，需要对其相关交易进行征税。对比黄金等贵金属，比特币没有实物形态，只是基于数学计算产生的一种虚拟的数字加密货币；对比法定货币，比特币又没有国家性质的担保和背书，很难在大范围的经济市场中流通并作为普遍被交易者接受的货币。

其次，比特币挖矿和定价机制不合理。比特币的总数是 2100 万个，根据开发比特币的数学公式，在最初的四年里将有一半的比特币被挖出来，即 1000 万个，这个数量每四年会减半，即第二个四年会挖出 500 万个，直至 2100 万个比特币全部被挖出。由此可见，先挖出比特币的人比后进之人有先天优势。其一是数量上的优势，拥有比特币多的人形成卖方市场，可在交易中拥有更高定价权，牟取暴利。其二是先拥有大量比特币的持有者会降低对未来挖出比特币的预期，从而降低整体市场热度，成为比特币消亡的原因之一。

再次，安全隐患。虽然区块链加密不可篡改以及公共自治的特性对比特币的交易有很大程度的保证，但仍出现过一些比特币被盗或是身份验证失效的案例。2014 年 3 月一家名为 Flexcoin 的比特币交易网站宣布停止运营，其原因就是一名黑客攻击并盗走网站上价值 60 万美元的比特币。另外，比特币借记卡在一些国家也有发行，由于借记卡是匿名的，所以丢失的话很难再寻回丢失的比特币。这些问题是阻碍比特币发展的重要因素之一。

最后，犯罪行为滋生的沃土。比特币作为新兴的区块链技术产物，在监管方面还存在很大的不足和漏洞。洗钱、账户被盗、信息泄露等问题不断滋生，使市场参与者的信息和利益受到严重损害。人民银行等五部委发布的《关于防范比特币风险的通知》也指出，比特币不具有与货币相同的法律地位，不能作为货币在市场上流通，用来警示比特币的应用风险。

2.2.4 数字加密货币衍生产品及交易平台

比特币的崛起颠覆了人类对货币的认知。这种数字加密货币的出现和扩张正在迅速改变人们的支付方式和交易习惯。从原始社会的以物换物，到物理货币以及正在发展的信用货币，都是随着人类对社会的认知和商业行为的不断演化推进而来的。未来，这种具有高流通价值，并可通过开发对冲衍生金融产品作为准超主权货币以保持稳定价格的数字货币将会逐渐代替物理货币，加速金融交易支付进程，巩固交易信用体系，实现全球经济共融。

以比特币为代表的数字货币在欧美国家的发展已经初具雏形，商户间可直接用比特币进行结算，同时比特币的借记卡和 ATM（自动取款机）也应运而生。2013 年比特塑（BitPlastic）推出首张比特币借记卡，配备一个比特币钱包，一个在线购物卡和 PayPal 交易功能。该卡不需要任何身份验证，但劣势在于商家会因为信任原因不愿接受一张无名卡的转账，且一旦丢失难以寻回其中的比特币，开卡成本高达0.25比特币，相当于150美元；喜付得（Shift）是美国地区首张比特币借记卡，借助Coinbase钱包的用户资源，迅速拓宽客户群，其好处是包括一个灵活的移动应用程序，且在美国境内的交易是免费的，从比特币转成法币也不会产生转换费，开卡费用仅要10美元。除此之外，Wirex、Xapo、CryptoPay和BitPay等比特币借记卡也相继出现并针对不同地区和监管要求做出业务调整。

除了比特币借记卡和ATM（自动取款机）等应用产品外，数字货币和法定货币之间交换的交易平台也应运而生。例如美国最大的比特币交易平台Coinbase，成立于2012年6月，业务主要包括比特币钱包和交易平台，目前支持美元、欧元、英镑和加拿大元与比特币的兑换，致力于为商家和消费者提供数字货币交易平台。该平台的钱包存储使用AES-256加密并且站点完全通过SSL运行，交易相当于发一封电子邮件，无须等待，在几分钟内就能完成一笔购买或销售比特币的买卖，且费用低廉；中国也在开发比特币与人民币的交易平台，OK币（OKCoin）和火币是其中的典型例子。OKCoin.cn是面向中国的虚拟货币交易平台，2013年底OKCoin完成了千万美元级别的A轮融资，2014年3月5日OKCoin的比特币交易量高达29.3万个，LTC更是高达1290万个，是目前世界上虚拟货币单日交易量的最高纪录。这证明了OK币系统完全可以胜任超高数额的交易。火币网（HuoBi）是一家面向全球的数字货币基础服务提供商，是红杉资本唯一投资的比特币交易平台，提供人民币、美元市场一站式交易，以其雄厚的研发和运营实力推出数字货币相关产品。比特币应用的崛起让金融界认识到其背后的分布式账本体系——区块链技术，并根据区块链技术的底层协议和应用场景不断尝试衍生产品和应用的开发和研究。

2.2.5 国家发行法定数字货币势在必行

区块链最广泛的应用是以比特币为代表的数字货币。数字货币建立了主权货币背书下的数字货币交易信用，随着交易量和参与交易者增加，区块链所建立起来的交易信用体系越来越可靠。目前，国际上已经有许多国家率先推行国家版数字货币，或在研究数字货币推行的可行性。

2015 年厄瓜多尔率先推出国家版数字货币，称为厄瓜多尔币，基于比特币多中心化、加密不可篡改的特性，厄瓜多尔币的推行可以减少发行成本，并在诸多应用场景有实践应用，比如可以为偏远地区缺少银行资源的客户提供可交易的数字化平台。值得一提的是，厄瓜多尔币以琥珀蜜蜡为价值载体，具备实际价值，这对于风险规避的初探者来说，是很好的价值保障。同时，这种货币的交易和安全需要全网用户共同监督和完成，它建立在加密算法的数学机制上而不是物理财富上，或是对中央集权（法定货币）的信任上，因此更具有普世性。

2015 年 10 月突尼斯邮政局宣布与瑞士智能合约平台蒙内塔（Monetas）和突尼斯技术初创企业数字图（DIGITUS）合作，建立一个能够在移动网络上运行的开放移动支付平台。Monetas 的首席执行官约翰·格威斯（Johan Gevers）表示，“突尼斯邮政是目前金融支付的重要基础设施，其与 DIGITUS 合作使得其顾客进入新的金融生态系统。在尽职调查完成之后，可以初步将现有的 60 万国家数字货币（eDinar）的用户转移到新技术上来”。基于 Monetas 平台的突尼斯邮政应用程序可以为用户提供全方位的、安全便捷的支付和商业汇款。通过 eDinar，客户可以实现全面的经济活动交易，例如移动 APP 汇款、支付以及政府管理身份证明文件。

除了已经试水数字货币的国家，包括英国、瑞典、澳大利亚和俄罗斯在内的许多国家也在探讨发行数字货币的可行性。英国央行委托伦敦大学学院的两名研究人员设计一套全新的数字货币 RS 币（RSCoin），该系统的运作原理与比特币非常相似，但提供了更多的集中化控制。英国央行将成为控制这种分布式总账的唯一机构，并控制 RSCoin 的发行量来管理货币体系，提高金融系统的效率和安全性。荷兰央行将推行数字货币的计划列入其 2016 年的目标，在 2016 年 3 月的最新年度报告中宣称其正在致力于开发一种被称为“DNBCoin”的内部区块链原型，这暗示着荷兰央行将该项目作为其内部优先开发的一个项目。此外，瑞士银行、德意志银行、Santander 银行、纽约梅隆银行与 ICAP 宣布与区块链企业清利马蒂（Clearmatics）共同发行一种称为数字加密货币（Utility Settlement Coin，USC）的新型数字货币，试图组建国际数字化结算联盟，发行独立于任何国家的国家结算数字货币，将储存在“央行”的实物货币等价兑换为相应的 USC 发行，并基于区块链技术加速央行结算流程、满足货币短期流动性需求。

总而言之，不同国家对比特币的态度有很大差异。德国、加拿大、法国、芬兰、阿根廷和肯尼亚表示支持。2013 年 8 月，德国成为世界上首个承认比特币合法地位的国家，比特币在德国是一种计价单位，比特币行业发展相对规范，已经被纳入国家的监管体系。德国政府表示，比特币可用来缴税和进行商户交易。加拿大也承认比特币的地位，世界首个比特币 ATM 在温哥华投入使用。比特币在芬兰的应用也有很大进步，目前一家素食汉堡连锁店、一家牙医诊所、一家殡仪服务公司已经开始接受比特币付款。相反，对比特币持坚决反对态度的国家有泰国和巴西。泰国是世界上首个完全封杀比特币的国家，任何与比特币挂钩的经济活动和交易都是禁止的，比如用比特币购买任何商品或服务或是利用比特币与境外人士进行贸易往来等。泰国比特币创业公司比特可（Bitcoin Co）表示，由于泰国央行封杀了比特币，因此该公司将停止所有业务。巴西也大为打击比特币投资团队，巴西证券交易委员会认为投资比特币是非法行为。以中国和美国为代表的国家则持中立态度。2013 年 12 月，中国人民银行等五部委联合发布《关于防范比特币风险的通知》，明确指出比特币的性质，认为“比特币不是由货币当局发行，不具有法偿性与强制性等货币属性，不是真正意义的货币。从性质上看，比特币是一种特定的虚拟商品，不具有与货币等同的法律地位，不能且不应作为货币在市场上流通使用。但是，比特币交易作为一种互联网上的商品买卖行为，普通民众在自担风险的前提下拥有参与的自由”。

各国央行在区块链大为盛行的今日，均意识到数字货币对传统法定货币或实物资产的替代性价值。借鉴国外数字货币应用实例，中国人民银行也在 2016 年 1 月召开数字货币研讨会，提出争取早日推出央行发行的数字货币。在这个以美元为主导的传统支付体系中，人民币想要登上国际舞台与美元竞争，困难重重。我国央行可借此机会，在全球经济体主权货币为数字货币背书的条件下，大力发展国家数字货币，加速人民币国际化进程。

多家券商对我国采用区块链技术的央行数字货币的最终呈现形式提出了猜想，其中，招商证券认为有两种可能：第一种是从传统货币向数字货币逐步过渡，最终摒弃掉传统的中央银行和商业银行的二元体系，将央行作为货币的发行和监管机构加入区块链，与其他节点一样，共同管理和监督区块链的运行秩序和安全；第二种是保留传统的二元体系，央行对社会个体的交易行为和货币监管调控仍然保留，只是把央行与商行、商行与商行之间的监管和信息传递放到分布式账本上，使银行之间的监管行为受到全网认可和监督。

央行发行数字货币可以提高央行对货币供求的总体调控能力，主要优点有以下几点：一是降低传统纸币的发行和流通成本，以及减少造纸对环境造成的污染；二是将央行对商行的监管和调控加入区块链使其全网共享，加强货币流通方向监管，通过智能合约的可编程性保证货币的精准投放；三是对货币的交易和流通进行监管，减少洗钱和欺诈风险；四是可以为货币政策的制定提供参照和依据，将大数据和区块链技术相结合，未来，所有经济体的交易行为都被实时地记录在区块链中，政府通过观测和分析区块链中全部的交易行为数据，掌握经济走势和货币流通方向，从而制定货币政策。

总之，各国央行均认识到数字货币对法定货币和等价实物的替代性作用，及其对货币发行和流通的监管和控制力的提升。各国都在大力发展数字货币背后的区块链技术衍生应用，将其应用到金融领域及其他行业，确保信息的高效交流和安全，从而提升社会的整体经济效益。

2.3 区块链支付结算应用

区块链技术可实现点对点的交易，并将交易数据与全网共享监督，这可有效提升传统银行业的支付结算效率并降低交易成本。以跨境汇兑为例，开户人在本国的一家小型银行向境外一家小型银行汇款，需要经历四个步骤：①开户人向本国小型银行提出汇款申请；②本国小型银行向具有汇兑条款的本国大型银行提出申请；③大型银行通过电汇与境外签署汇兑条款的大型银行合作；④境外大型银行向境外的小型银行汇款。这一漫长的过程要经历3~10天，且电汇手续费高，中间环节冗长复杂，消耗人力成本高。将区块链技术加入跨境支付结算体系，可以在汇款时直接将该笔交易订单挂单，在区块链系统中寻找有这笔订单公钥的交易银行接单，从而在几秒内完成交易。区块链技术的加入，解决了银行跨境支付结算价值链上存在的根本痛点。

2.3.1 传统 B2B 跨境支付结算

现代商业贸易交易清算都要借助银行，这种传统的通过中介机构进行的交易要经过开户行、对手行、境外银行和境外收款行的多重环节，其中每一个机构都有自己的账务处理系统，需要签署跨境汇兑协议，并且机构之间要花费大量时间进行账目核对、交易支付和结算，成本高且效率低，还容易引发汇兑风险。

首先，传统 B2B（企业对企业）跨境支付的操作成本和费用高昂。以中国银行跨境电汇业务为例，一笔跨境汇兑业务要收取千分之一的手续费（最低50元，最高260元），外加每笔150元的电讯费。同时，如果汇款行或收款行不具备跨境汇兑资质，还需要经过中转的大型银行，收取中转费，这笔费用会根据中转行之间的协议来定价，在汇款时汇款人并不知道该支付多少中转费，一般会酌情添加费用来保证收款人能收到足额款项。

其次，传统跨境汇款安全性和便捷性堪忧。贸易往来的可靠性会根据贸易国的发达程度产生差异，并且，跨境汇款只有在银行的工作时间才能发起交易，必须依靠银行的中转职能。汇款人发起转账必须先要兑换成外币，并且需要在网上或去银行专柜进行操作，手续烦琐且耗时，缺少用户友好性。

最后，跨境支付流程缓慢，效率低。因为中转环节涉及多家银行和支付系统，所以一般跨国转账需要经历 3 ~ 10 个工作日，对于经常性往来的贸易来说这种付款的滞后性可能不足为惧，但对于某些对付款方式和时间敏感的收款方来说，付款的滞后性会产生一些消极影响。

区块链技术解决了传统跨境支付平台中的银行中转问题。将区块链技术引入支付结算环节，可以形成点对点的直接交易，省去了中介机构的烦琐环节，并使得低成本高效的跨境实时转账成为可能。

首先，区块链降低了交易成本和中转费用，使得交易流程更加透明。中转银行的中介职能被取消，导致银行会降低手续费和外汇业务利润来保障自己的竞争优势。其次，区块链的分布式账本技术保障了交易的点对点支付，省去了中间银行的处理时间，提高了交易的总体速度。最后，由于区块链数据库是一个分中心化的数据库，没有任何一个节点可以控制整个数据库，因此提高了单一节点泄露数据的难度。同时，任何节点对数据的操作都会被其他节点观察到，泄露数据者会在第一时间被发现，从而加强了对数据泄露的监控。未来，区块链可以实现全天候支付、实时到账和没有隐形成本的跨境支付结算，并帮助降低跨境电商资金风险，满足其支付和清算服务的及时和便捷性。根据麦肯锡的测算，未来 B2B 跨境支付结算平台引入区块链技术会将交易成本从 26 美元下降到 15 美元，其中 75% 为中转行的维护费用，另外 25% 为人工及外汇汇兑成本。

2.3.2 区块链支付结算平台

区块链提高了传统电子交易模式的效率。为了缓解电子交易中钱货不能即时两清的问题，传统模式引入第三方机构作为交易过程的信用中介，使交易的发生成为可能，因此，间接金融机构再次在电子交易时代扮演了重要的角色。与此同时，虽然中介机构为电子交易提供了便利，但也存在成本递增、效率低下和双重消费等问题。在比特币支付体系中，不需要第三方机构提供信用，记录比特币产生及交易的数据库（或者说账本）是分布式的，由各个交易节点共同记录和存储数据。为了让各方相互信任，所有交易必须得到全网共同验证和认可，各个区块是公开透明的。对于视安全为第一要务的金融机构而言，不可篡改、匿名共识让区块链技术在金融领域迅速普及开来。

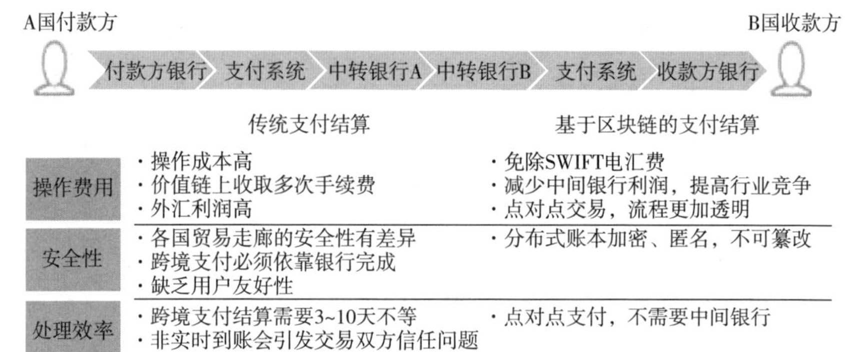

图2－3　区块链与传统支付结算的比较

区块链对传统支付结算体系的颠覆式改进，主要体现在安全性增加、交易效率高和交易费用低。自区块链技术推出以来，支付结算的日均交易量、金额总量和平均每笔交易金额均呈现了大幅度增长，证明区块链技术对支付结算业务的变革有显著作用。

首先，从安全性的角度分析，区块链技术支持的支付系统采用的是分布式“推式”（Push）支付，而传统支付系统采用“拉式”（Pull）支付。在Push支付中，用户不必提供个人信息和银行卡账户信息，系统将这些信息加密成哈希值传输给商家，而传统Pull支付，用户完成交易必须将个人的信息和银行账号等私密信息传输给商家，商家通过信息验证完成收款。这些个人信息和银行信息的聚集极易成为不法分子获取不义之财的途径。区块链采用SHA－256算法，是哈希算法的一种，它会将任意长度的二进制值映射为较短的固定长度的哈希值。任意不同形式的东西都会映射为唯一的紧凑的二进制形式，可以帮助验证数据的一致性和完整性。

其次，对于商家来说，区块链的支付系统可以降低交易成本。目前传统的信用卡或借记卡的每笔交易商家要支付3%的手续费，区块链技术可以帮助商家节省80%～90%的交易费用。以美国支付公司“条纹”（Stripe）为例，其常规收费方式是向商家收取30美分的固定费用外加交易额的2.9%作为手续费。通过分布式账本区块链技术的引进，省略掉中心化的信息交流成本和货币流通成本，从而使交易费用大幅下降，交易额100万美元以内不收费，超过100万美元的部分收取1%的手续费。

再次，基于区块链技术的支付结算平台可以提高结算效率，缩短支付时间。传统借记卡或信用卡的交易需要1个工作日才能到账，跨境支付更是需要3～10个工作日才能完成。利用区块链的点对点实时交易和分中心化的分布式账本，可以有效缩短交易时间，短则几秒就能完成，这大大提高了支付系统处理业务的实效，提高转账笔数和转账总金额。对于大笔跨境支付来说，3～10天的汇款转账时间的滞后会产生巨大的资金利用机会成本，也增加了交易时长所带来的汇兑风险。区块链的加入可以有效解决上述问题，并提升银行处理跨境支付结算业务的效率，增加市场竞争性。

最后，区块链技术激励支付结算平台开拓创新业务点，满足用户日益灵活的付费需求。传统的跨境支付一般需要的手续费较为固定，以中国银行跨境支付为例，手续费为150元电讯费+0.1%的汇款金额（下限50元，上限260元），因此手续费随着汇款金额的减小而呈递增态势，小额汇款边际成本高。而基于区块链技术的支付方式固定手续费低，可以覆盖小额支付，拓展小额资金客户的支付结算业务，使支付更碎片化，方式更灵活。

2.3.3 区块链跨境支付平台

随着比特币在世界的盛行，另一种数字货币 Ripple 及其支付协议开始迅速普及。Ripple 支付协议的出现挑战了目前全球银行已经通用的 SWIFT 协议。在之前以中国银行的跨境结算的例子中，其中一项费用是 150 元电讯费，SWIFT 就是这个 150 元电讯费的真正受益者。SWIFT 是国际银行同业间的国际合作组织，通过 SWIFT 协议可实现银行间资金清算、支票清算和证券交易等业务。建立在比特币区块链基础上的 Ripple 协议试图挑战 SWIFT 的权威地位。Ripple Labs 的格里戈·基德（Greg Kidd）认为，在互联网时代，货币或金钱只作为一种记账单位来记录借贷信息，跨境支付结算却仍有高额成本和低效问题，原因是金融体系的独立网络和独立支付系统太多，需要雇用大量的人力，购买服务器，消耗能源来维持中心化的信息传递。Ripple 的跨账本协议让参与协议的各方都加入区块链，看到同样的一本账本，可以实现客户间转账的点对点传输，不需要中间银行的信息传递，且支持各国货币，这样就取消了跨国转账的电讯费和中间银行手续费。目前已有 17 个国家的银行使用 Ripple 支付协议，参与基于区块链的跨境支付新方式。

Circle 公司是一家开发比特币钱包的数字货币初创公司，致力于通过区块链技术使国际货币汇兑和资金转移更便捷和高效。2016 年 6 月 23 日，Circle 获得 IDG（美国国际数据集团）领投、百度跟投的 6000 万美元 D 轮融资，并宣布要成立独立的针对中国本土的 Circle China 团队，专注于将开放的全球化社交支付福利带给中国客户。2016 年 Circle 获得英国政府颁发的首张电子货币牌照，允许 Circle 客户在美元和英镑之间进行即时转账，目前 Circle 正向欧洲扩张，预计不久的将来欧元也会加入 Circle 支持的实时交易的货币体系。Circle 预计其 2016 年的交易量会超过 10 亿美元。

除了上述两家金融科技公司，Chain，Ethereum（以太坊），IBM（国际商业机器公司），Microsoft（微软）等公司也都在利用区块链技术发展跨境支付与结算的技术。预计在未来，现有的传统金融交易结算体系将因为区块链技术的变革而展现出更高效、更安全和更低成本的支付技术。各国银行也在积极与区块链科技公司合作项目，测试并开发区块链跨境支付结算体系并制定区块链解决方案。

日本金融服务业意识到区块链在业务优化和技术改进中的重要作用，开始尝试基于区块链技术开发衍生应用。近日东京三菱 UFJ（Tokyo – Mitsubishi UFJ）银行透露，它正参与一个内部的数字货币项目。金融服务巨头瑞穗银行（Mizuho）也宣布与日本微软在联合贷款的试验系统上合作。2016 年 2 月，专注 IT（信息技术）咨询的服务公司 NTT 数据（NTT Data）宣布与数字货币创业公司“轨”（Orb）合作研究区块链技术，包括欧力士银行（Orix）和静冈银行（Shizuoka）在内的日本本地银行表示它们将测试该项技术在国际汇款和交易结算方面的应用。

摩根大通受到全球经济增长放缓以及持续低利率的压力，开始关注区块链技术在银行传统业务上的应用。为了降低运营成本，摩根大通大幅缩减开支并裁员，不仅如此，在如今在线支付体系逐渐威胁传统金融机构的情况下，摩根大通也在积极与比特币创业科技公司合作，投入大量资金开发区块链在银行技术方面的应用。2016 年 2 月，摩根大通开始测试区块链技术对美元汇款的应用，大约有 2200 名客户参与这次在伦敦和东京两个金融中心之间进行的汇款测试。在摩根大通未来的区块链计划中，希望更多参与实时的交易测试，在监管允许的情况下，为一些企业和投资银行的客户，包括一些对冲基金，开展区块链测试。

韩国国民银行（Kookmin Bank，KB）是韩国最大资产净值和市值的银行，于 2016 年 2 月与当地的比特币初创公司 Coinplug 合作开发一种用于国际汇款的区块链解决方案，目的是规避中间媒介，降低成本并提高客户储蓄的可能性，为客户提供更安全便捷的外汇服务。一位银行发言人说：“区块链技术是一种新趋势，我们正试图在低水平的数据完整平台上采取该技术。我们正计划进一步提升，为用户提供更安全、更舒适的金融服务。”同时，韩国国民银行还宣布开发一个“海外资产转移和数据存储服务”，这一产品也是基于区块链技术的分布式账本体系，将数据共享于区块链中的各个节点，对开设银行账户的用户进行身份验证和信息加密存储。

2.4 银行票据链金融应用

自从“中本聪”在2008年提出区块链和比特币的概念之后，这项基于网络协议的底层技术——区块链在金融领域掀起一阵风潮，国际货币基金组织（IMF）在其首份数字货币报告中明确指出“它具有改变金融的潜力”。诸多传统金融业务应用区块链来降低操作成本、提高处理效率并开拓创新业务，其中受到颠覆式改革的一项就是票据业务。

票据业务近年来呈现出了跨越式发展，尤其在央行的电子商业汇票系统（ECDS）上线后，电子票据在操作便捷性、安全性和创新性方面获得提升。尽管业界对纸质票据电子化和电子票据交易所的未来发展空间有无尽展望，但与此同时，业务灰色地带、业务风险以及监管机构法规的滞后性等问题也为其发展留下隐患。基于区块链的分布式账本系统，可构建更加智能化的、加密不可篡改的新型电子票据——数字票据，其在减少违规操作风险、实现票据价值传递的分中心化、交易透明化方面都对传统电子票据业务产生创新式变革。

2.4.1 传统票据

票据是在商品或货币流通中为体现债权或债务的发生、偿付和转移而使用的一种信用工具，可用作贸易中的支付结算和企业短期融资。票据业务对实体经济有促进作用，主要体现在以下方面：一是银行的票据承兑能解决贸易商短期的资金需求，为企业支付结算提供便利，促进贸易往来。二是融资难的中小企业和个体商户可以通过票据贴现和企业背书转让的方式实现快速融资，为企业的存货周转和资金流动提供支持。三是银行承兑汇票有银行信用作为担保，提高了贸易的信用程度，有助于经济体的商品交易活动和资金往来。

票据在二级市场的再贴现业务加速了金融市场的资金融通和短期资金周转，解决了银行等金融机构负债资产不平衡、资金运作低效率的困难。再贴现作为中央银行传统的三大货币政策工具（公开市场操作、再贴现、存款准备金）之一，已成为一项重要的资产业务。借助再贴现可以调控货币供应总量，并通过有选择地对不同种类的票据进行融资来调整宏观经济结构，使得票据在货币政策传导和实施、促进金融机构资金流动性、调节宏观经济结构等方面发挥重要作用。

票据衍生产品的多样性，以及票据流转机构和领域的广泛性，使得票据成为连接货币市场和资本市场的重要桥梁，以票据为载体可开发多种金融衍生品，如票据资产证券化融资（ABS）、票据贴现和转贴现期权、票据转贴现期限互换和利率互换等。票据对金融产品的作用主要表现为两点：一是票据融合了货币市场风险低、收益稳、期限灵活以及投资灵活、收益高的双重特点，为金融产品的创新发展提供载体；二是票据产品的供求市场完备，对利率敏感性高，可作为可依据的市场价格指数模拟市场经济走势。另外，政府通过控制对不同票据的融资来调整经济结构，细分金融衍生品市场，从而扩大贷款融资范围，引导贷款利率市场化。

2.4.2 区块链变革传统票据模式

区块链可以改变传统的票据模式。首先，区块链技术实现票据价值传递的分中心化。传统的纸质票据或电子票据需要第三方中介机构提供确保交易双方履约的信用保证，纸质票据需要发行票据的银行确保票据真伪，而电子票据需要央行的电子商业汇票系统（ECDS）提供票据认证。基于区块链的分中心化、公共自治的分布式账本，不需要第三方中介验证交易双方的信用和身份信息，也不需要纸质票据作为交易凭证，交易双方可以借助区块链点对点交易的特性直接进行身份验证并完成票据交易。

其次，基于区块链技术的数字票据可以有效防范风险。从信用风险来看，每个市场参与者都是一个节点，所有节点过往的社交行为和信用数据都会被记录在区块链中，受到实时监控。从道德风险来说，各国和各行业相互独立的票据系统会造成纸票“一票多卖”、电子票据信用背书和打款不同步的现象发生，而区块链交易拥有不可篡改的时间戳，仅当前一笔交易发生并得到全网认证后才可进行下一步交易，避免了交易认证的滞后性所带来的道德风险。从操作风险来看，ECDS 系统是以中心化的账本记录所有通过该系统交易的电子票据信息，一旦 ECDS 的服务器崩溃或出现人为故障，整个票据市场的运行都会遭受影响。而区块链的分布式账本和不可篡改的加密技术，使每个节点都能共享同一个账本，一个节点的数据出现丢失或被盗，其他节点依然拥有全部数据，不会造成业务链断裂或交易数据丢失风险。从市场风险来分析，纸票和电子票据的发行没有充分考量付款者的资金能力，容易发生债务风险。区块链全网数据的共享优势，使整个市场的票据体量和供求状况一目了然，帮助市场反映真实的票据交易价格指数，易于控制市场风险。

最后，区块链的智能合约和不可篡改特性起到规范交易行为、降低监管成本的作用。当前，参与票据市场的金融机构和参与者的方式各异，审查流程和监管规则无法标准化。借助区块链可标准化的智能合约，通过编辑一段既定程序，可以控制票据价值和流转方向，统一交易规则，建立市场秩序。同时，区块链不可篡改的时间戳为数据提供可信任的追溯途径，透明的管理体系可降低监管部门成本，甚至监管部门也可作为一个节点加入区块链参与数据公共自治与监管。

2.4.3 区块链数字票据

数字票据是在保留现有票据属性、法律法规和市场的基础上，利用区块链技术的优势，开发出的一种全新的电子票据形式，具有更安全、更便捷、性价比更高的优势。与传统纸质票据相比，电子票据的出现将实物票据虚拟化，节省了票据印刷成本，提高了票据支付清算效率，但不仅需要中心化的服务器记载全部交易数据，还需要第三方提供信用来确保交易履约。

与电子票据相比，数字票据具有如下优势：第一，基于区块链的数字票据系统摒弃了中心化服务器，降低了服务器的维护和优化成本，并节省中心系统的研发成本。同时，在区块链的分布式账本中不会出现集中模式下服务器崩溃或出现人为操作失误所造成的数据集体丢失等更为严重的问题，因为分布式数据库容错率极高，一个或几个节点的数据丢失不会影响整个系统的正常运行。在分布式账本中也减少了数据被反复写入和保存的成本，每个节点记录的既是分账本也是总账本。

第二，区块链不可篡改的时间戳可以提高数据透明度，使任何价值交换都可以被追溯和查询。严格记录交易时间先后的时间戳具有不可篡改性，便于历史信息的查阅和跟踪，一旦票据流转和清算发生法律纠纷可以在区块链上按时间戳追根溯源。同时，区块链中记录所有交易参与者的行为数据，易于形成征信体系和评估机制，最大程度降低违约人“跑路”风险。

第三，智能合约使数字票据具有可编程性，便于规范交易流程，严格执行交易设定。通过事先编写一段票据买卖条件的程序，一旦票据达到约定的赎回期限或者票据价格达到某个阈值，智能合约将自动执行票据赎回买断。整个交易流程严格依据合约编写的程序，不需要人工操作，减少人为干预风险。

2.4.4 数字票据应用场景

在票据的生命周期中，共经历承兑、流转和托收三个环节，这里就区块链在这三个环节的应用进行分析。

在承兑环节，传统票据需要物理凭证或中心化的 ECDS 系统对出票方提供第三方担保，而基于区块链技术的数字票据省去了集中物理式中心系统，出票方和收票方占据整个区块链网络中的不同节点，直接进行票据承兑。承兑环节需要建立一套完整的算法，包含承兑人对出票人的授信、出票人票面信息（包括指定开户行、承兑时限、承兑形式等）等信息，生成相应的数据区块记录完整承兑环节的交易信息。数字票据承兑环节的优势可归纳为三点：一是实现了非中心化的出票流程；二是数据记录采用不可篡改的时间戳，为所有参与者提供持票企业的信用，为票据流转提供便利；三是提高数据安全性，每个交易方都有记录全网交易的总账本，任何节点对数据的操作都会被其他节点观察到，从而加强了对数据泄露的监控。

在流转环节，包括票据流转、贴现、再贴现、回购等一系列业务。可利用智能合约将票据流转交易赋予可编程的特性，例如数字票据贴现不需要向多家银行询价，直接广播融资寻找对口银行贴现即可，票据回购可通过编程在约定的买入返售到期日自动执行。有票据流转需求的持票方可在区块链中公布发起该笔订单交易的公钥，买入方用私钥进行确认匹配即可完成交易，第三方或监管机构可建立合适的信息记录规则来生成数据区块。数字票据流转环节的优势包括：一是实现非中心化的信息流转；二是智能合约可降低人为操作风险和道德风险，自动化操作流程；三是时间戳提供信息追溯有效途径，为持票方提供信用。

在托收环节，智能合约的程序会在持票人承兑时约定的日期自动向承兑行发出托收申请，承兑人一方面完成托收请求，另一方面完成资金清算，第三方将全部信息按一定规则记录生成数据区块。数字票据托收环节的优势是智能合约将托收和资金清算自动化，避免逾期。

2.4.5 数字票据与供应链金融

多家银行试用 R3CEV 区块链数字票据解决方案。R3CEV 区块链联盟已与 40 家银行合作测试了五大区块链解决方案，测试结果由 Eris、Ethereum、IBM、英特尔与 Chain 公司呈递，未来政府监管部门也将参与到测试中。Eris 公司 COO（首席运营官）普雷斯顿 · 伯恩表示其最近的一个测试是基于区块链网络促进债务工具的交易，“参与者可模型化金融资产、商业票据、短期债务工具。你可以创建它、购买或者出售它，你也可以进行赎回操作”。Eris 被要求模拟一系列的智能合约，作为商业票据交易的模板。但是，目前对于如何去评估这些技术还没有明确的计划。

维波（Wave）与巴克莱银行达成合作，利用分布式账本管理贸易流程文件和商品。Wave 是一家致力于为国际贸易提供安全高效工具的金融科技公司 OGYDocs 开发的第一款产品，其特点是利用分布式账本对贸易运输中的文件和商品进行确权管理，摒弃传统纸质单据，提高国际贸易效率和安全性，并为交易历史信息提供追溯途径。目前，Wave 已与巴克莱银行合作，将区块链技术应用于票据和供应链金融业务上，数字化的信用证和提货单等贸易流程文件将直接被放到公链上由相关方进行验证，解决现阶段纸质单据认证流程慢、人工成本高的缺陷，实现数据端对端完全透明化传输，最大限度化解交易双方信用风险。2016 年 9 月 8 日，全球第一笔利用区块链技术结算的贸易就是在 Wave 平台上完成的，该笔结算由巴克莱银行完成，贸易金额 10 万美元，由来自爱尔兰的出口商和塞舌尔群岛的进口商塞舌尔贸易公司（Seychelles Trading Company）交易完成，该交易取代了原有的信用证结算方式，并只花费 4 小时完成，大大提高了交易时效，节约了结算成本。

在国内方面，2016 年 5 月深圳瀚德创客公布了其首期区块链研发成果——全球首项票据特殊目的载体（SPV）系统，多银行模式形成规模化效益，便于降低成本，提升效率。2016 年 9 月 5 日，厦门国金全面开放 ABS 云平台，倾力构建 ABS 云生态系统，包括 ABS 工厂运作体系、ABS 数据库的市场信息和大数据分析、ABS 研究成果共享平台，致力于快速地让成千上万的资产证券化项目更加透明、迅速地对接上相应资产或资金，降低资产证券化操作难度，控制项目的运作成本。

2.5 区块链强化风险管理

2.5.1 布局 AML 和 KYC 区块链

洗钱（Money Laundering）是指将违法所得及其产生的收益，通过各种手段掩饰、隐瞒其来源和性质，使其在形式上合法化的行为。洗钱行为的方式多样化、过程复杂化、流通国际化将加大资金去向的追查难度。洗钱行为一旦发生，会造成极其严重的经济和社会后果，对国际金融体系的安全和秩序产生极大危害。首先，洗钱方式多样化。为了逃避监管和资金追查，犯罪分子往往通过不同的渠道和方式对赃款进行转移，并发展出种类繁多的洗钱工具，比如利用金融机构的金融服务，利用空壳公司或伪造个人身份和商业票据等。洗钱方式和渠道的多样性甚至衍生出专业的洗钱组织，它们熟练利用法律缺陷和监管漏洞来产生组合式的、更复杂的洗钱途径和套路。其次，洗钱过程复杂度高。洗钱的根本目的是通过多渠道多方式的转换，改变犯罪所得的原有形式，抹去资金来源的记录，使犯罪所得变得合法化，这就迫使犯罪分子采取更极端和复杂的手段，不惜牺牲个别无辜群众的利益，来实现自己的目的。最后，洗钱活动国际化。随着互联网和交易商品、场所的多元化发展，贸易往来、资金流通、信息传播和服务输入输出的国家化口径越来越广泛，犯罪分子利用国际交易中时间滞后、系统不统一、操作手续烦琐的特点，将跨国洗钱发展为转移赃款的重要途径，导致犯罪跨度大、影响范围广，对国际经济体系造成严重损害。

正因为洗钱的社会危害极大，各国监管机构为打击洗钱活动均制定了银行反洗钱（AML）工作的指导原则。在《中国人民银行关于进一步加强金融机构反洗钱工作的通知》中指出，银行要细化反洗钱操作规程，健全反洗钱内控制度，开展持续的客户尽职调查，有效预防洗钱风险。然而，现实中反洗钱工作落实情况并不理想。高盛的一份报告中显示，被发现查处的洗钱活动只有不到1%，这使得银行收到来自监管机构的大额罚单。

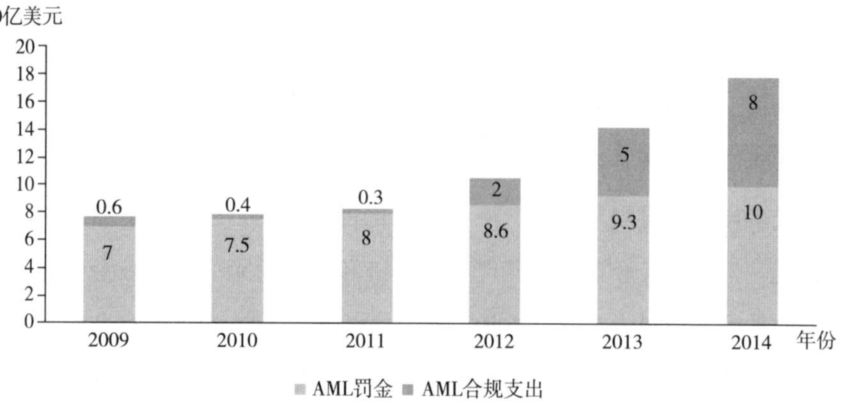

图 2－4　2009～2014 年 AML 合规支出与常规罚金数据

数据来源：高盛．Blockchain：Putting Theory into Practice［R］

根据高盛报告中的数据，2009～2014 年银行 AML 合规支出和常规罚金呈上涨趋势；2014 年，全球银行在 AML 上的合规支出和常规罚金共 180 亿美元。各国大型银行为了满足监管部门的合规要求，不断投入资本大力建设完备的信用机制和征信体系，以及高成本地雇用高端技术人才和法律合规人员。同时，银行独立运营的各部门在完成 KYC 和 AML 程序时需要重复对客户进行背景调查和信用记录查验，这降低了银行开发新客户的效率并造成了资源的严重浪费。

用区块链技术来优化金融机构 AML 和 KYC 流程，一是可以通过分布式账本的不可篡改的时间戳和全网公共自治的特性，对金融交易每一笔资金的“来龙去脉”进行追溯，防止由于监管漏洞和法律法规不健全而造成非法资金流窜，给社会和经济带来重大损失。二是区块链全网数据保存在每一个节点上，实现信息共享，减少重复审核工作。三是所有参与者的信用记录和交易信息都保存在区块链的总账本中并被每一个节点共享，在通过 KYC 流程时可以迅速定位新客户的全部资料，节省时间提高效率。四是安全性的提升。由于区块链数据库是一个分中心化的数据库，没有任何一个节点可以控制整个数据库，因此提高了单一节点泄露数据的难度。同时，任何节点对数据的操作都会被其他节点第一时间观察到从而加强了对数据泄露的监控。另外，区块链中节点的关键身份信息以私钥形式存在，用于交易过程中的签名确认。私钥只有信息拥有者才知道，就算其他信息被泄露出去，只要私钥没有泄露，这些被泄露的信息就无法与节点身份进行匹配，从而失去利用价值。

区块链技术可为 AML 和 KYC 节省人员和技术成本。根据高盛的估算，基于区块链的 AML 和 KYC 在全球范围可节省 30 亿 ~50 亿美元的成本，其中包括：①KYC 开户程序简化使得人工成本节约 1.6 亿美元；②交易监控效率提升节约 14 亿美元人员开支成本；③人工减少带来培训成本减少约 4.2 亿美元；④分布式账本减少中心化系统的维护和优化成本 5 亿美元；⑤AML“捕获率”提升带来银行罚金减少约 5 亿 ~25 亿美元不等。

2.5.2 基于区块链的 AML 应用

Chainalysis 是位于纽约的区块链新兴企业，致力于为银行设计区块链异常交易行为监测与分析系统。最近黑客通过恶意软件绑架用户信息并敲诈勒索比特币的风险事件频发，Chainalysis 为了追踪区块链上的数字货币，与 Europol（欧洲刑警组织）的欧洲互联网犯罪中心（EC3）签订了谅解备忘录，将高级的私人领域科技运用到公共打击犯罪中。基于区块链技术的

Chainalysis 软件可实时监控网络中的可疑活动和交易，并为交易动向和数据泄密提供第一时间提醒，成为执法部门提供打击网络犯罪的调查工具。这也充分说明，区块链在实际应用中是一把双刃剑，既可以用其来犯罪，也可以用其来打击犯罪。

外国金融机构已经在积极寻求与区块链创业公司的合作共同打击网络犯罪，防范比特币可能产生的洗钱风险，我国执法机关也需要类似的企业或技术来加强这方面的监管，并为创新企业提供发展机会。2013 年，中国人民银行等五部委公布了《关于防范比特币风险的通知》，其中第四部分“防范比特币可能产生的洗钱风险”指出：“中国人民银行各分支机构应当密切关注比特币及其他类似的具有匿名、跨境流通便利等特征的虚拟商品的动向及态势，认真研判洗钱风险，研究制定有针对性的防范措施。各分支机构应当将在辖区内依法设立并提供比特币登记、交易等服务的机构纳入反洗钱监管，督促其加强反洗钱监测”。这说明，中国也意识到比特币快速发展带来的诸多安全隐患，未来需出台更多的监管政策和法律法规来完善新兴市场，规范经济秩序。

Chainalysis 与巴克莱合作，通过其系统对异常交易数据进行监控和分析，为巴克莱银行的金融犯罪和交易监控小组提供创新科技，使之成为一项竞争优势。目前传统银行面临来自区块链技术的压力，一方面是数字货币的兴起对法币和现行货币政策的冲击，另一方面就是区块链技术如何能应用于银行传统业务，提高业务效率并降低成本。其中一项重要应用就是利用区块链技术优化 AML 和 KYC 流程，提高对客户尽职调查的了解。除了帮助银行监测分析异常交易行为，Chainalysis 与银行合作的另一个更重要的目的是保持与银行或其他金融机构的合作关系，明确银行的协议标准，为今后底层协议的开发奠定基础。同时，这样的合作可以帮助巴克莱银行确定行业初创公司能在多大程度上满足银行级别的合规标准，为未来其他科技创业公司与银行的跨界合作打下基础。

区块链多中心化、公共自治的特性保证金融机构将各自收集和验证的客户信息数字化后加密上传至区块链每一个节点的分账本中，同时，金融机构为交易实体提供电子身份证明信息和用户地址信息（类似私钥），在区块链中的任何交易都需要银行手中的公钥与金融机构的私钥进行共同验证，这保证了交易的公开性和不可篡改的时间先后性，为数据追根溯源提供依据。在这种模式下，所有交易的所有环节都实现了透明的端对端交易，黑钱将无处洗白，增强金融系统的反洗钱力度。

2.5.3 基于区块链的 KYC 应用

为了满足监管机构的合规要求，全球银行对 AML 和 KYC 的投入成本越发加大，并开始尝试利用区块链技术降低 AML/KYC 成本，提高监管效率。

德勤近日宣布完成首例区块链技术与银行系统融合案例，将区块链技术应用于爱尔兰银行的银行系统，并开展相关技术融合的模型进行验证和改进。此前，爱尔兰银行为了满足客户对于投资产品的需求，与德勤爱尔兰团队合作进行了一次专门的咨询，并利用区块链可追溯的时间戳特征，为其客户的海外投资资产建立跟踪和追溯路径。未来这一技术模型的大规模使用将大大减少银行的合规成本。同时，各国金融机构通过实验收集和认证的数据将共享在区块链网络中的每个节点上并永久留存，为数据查验和追溯提供路径，最终改变银行运营模式。

2.6 银行业发展区块链的挑战

2.6.1 区块链应用在银行业面临的挑战

区块链技术虽然在金融领域和其他行业有广泛的应用前景，但其大部分应用还仍在构想和测试之中，只有少数项目落地实施。作为一个新兴的技术，区块链在经济和社会生产中的运用还有很长的路要走，在实际应用中面临着诸多挑战。

首先，区块链这项新兴技术挑战了政府监管的权威，其发展受到现行制度的制约。一是区块链多中心化、公共自治的特性使得央行和政府的中心化地位受到挑战，对现行的货币制度、银行管理机制和监管机构的作用和架构产生颠覆式影响。例如，以比特币为代表的数字货币不但挑战国家铸币权，还影响货币政策的制定和传导机制，削弱央行中央集权的地位和对经济的管控能力，使得货币当局对数字货币持谨慎态度。再以银行应用Ripple的跨账本协议为例，为降低跨境汇兑手续费和提高支付效率，各国银行要摒弃通用的SWIFT协议，投入大量财力开发区块链技术，同时出让大部分作为跨境支付的中间行所获取的既得利益，导致部分保守的传统银行对这种新兴技术持观望态度。

其次，监管部门对比特币和区块链技术持谨慎态度，法律法规和监管制度的建立产生时滞，导致新技术的试行和推广受到阻碍，与区块链相关的经济活动缺乏法律监管导致市场主体的风险增加。例如，在“后比特币时代”，数字货币的发展从最初的大起大落逐渐回归市场理性，目光更多地关注监管机制和法规制定。美国商品期货交易委员会（CFTC）近日宣布将比特币定义为大宗商品，对其期货和期权交易进行监管；美国州银行监管者联席会近期也建议将与电子货币有交易或转移行为的公司纳入州银行监管范围内。监管层态度的转变，使得利用比特币进行非法交易和投机洗钱的行为将会受到严厉打击和监管。未来，区块链的发展势必要在监管机制完善、经济环境健全的环境下才能得以推广和完善。

再次，区块链技术面临安全隐患。区块链网络是建立在大量的可被信任的计算节点上的，如何确保大量可信节点不被黑客攻击造成数据或网络损坏是维持区块链发展的重要课题。另外，区块链的发展，特别是针对银行业的传统金融业务和服务的改进，要依附于一个庞大的网络和标准协议，需要参与者共享数据和资源来共同建立分布式账本，因此合作机构之间的信任问题也是区块链发展的重要基石。

最后，区块链的发展受区块容量制约。比特币网络是目前区块链技术的最广泛应用，也是目前最大的区块链网络，日均交易笔数可以达到20万笔，总账容量50GB，只相当于银行转账交易量的一个零头。但在比特币网络尚未被整个金融行业广泛应用的前提下，已经出现交易时效缓慢问题，大量未处理和未确认的交易占用缓存空间，严重拖累系统运行速度。另外，比特币多中心化的分布式总账对服务器的计算机配置有较高要求，使得投入的设备成本和占用资源加剧。

2.6.2 区块链发展的启示

我国目前处于经济社会信用体系建设尚不完备的阶段，区块链技术为降低社会信用成本、提高各行业效率提出解决方案。虽然这项新兴技术的发展尚未成熟，且面临诸多挑战和局限，但国际大型银行和其他金融巨头已争相布局该领域并投入资源进行技术开发和试验，我国银行也应积极抢抓机遇，看到区块链对未来金融领域的积极意义和巨大发展潜力，尝试在业务上向上突破，并建立健全监管和法律体系来迎接更大挑战。

首先，密切关注国外银行的研究动向，加强团队人才储备和对区块链技术的开发研究以及实施落地方案。目前国外多家银行已经开始自主研发或与区块链创业公司合作研究区块链技术，并加入 R3CEV 等行业联盟制定行业标准协议，我国商业银行应密切关注国外区块链技术发展动向，并开展内部的合作学习和交流，共同研究制定符合我国法规和金融环境的区块链试行方向和行业标准，以便在未来发展中占据主动而不是一味效仿。

其次，建立有控制的授权式分布记账体系，理性看待中央银行和监管机构的中心化作用。区块链的多中心分布式账簿并不表明市场不需要中心化的央行和监管机构，相反，区块链的应用需要根据央行和监管部门制定的相关标准规范来施行，以保障市场参与者的合法利益，并防范市场信用风险。在未来，区块链在金融领域的应用需要中央集权和监管机构放松部分业务的管控权，并将记账权和交易管理权等分散至企业、个人和其他经济主体，建立有控制的分布式记账体系。

最后，银行和监管部门都应充分利用区块链技术改进业务模式，探索新领域应用。对于监管部门，未来数字票据贴现、回购和融资融券业务都依靠透明和公共自治的区块链网络交易，监管部门可利用总账本中全部信息对市场交易情况和风险进行监测和分析，从而把控市场经济，制定行业标准，同时，央行也在考虑发行基于区块链的数字货币，增加金融稳定性。对于银行来说，应积极探索区块链在非资金交易领域的应用。例如，区块链可以对银行的抵押品进行管理，利用区块链每个节点都有一份永久保存的完整数据记录的特点，对抵押品的所有权和交易流转信息进行统一管理，节省管理成本并提升管理效率。同时这一理论也适用于土地所有权、股权交易等场景。另外，区块链技术可用来建立完整公开的征信体系。目前我国信用体系尚不完善，各个评级机构通过收集和验证用户的身份信息和交易数据，开发自主模型进行信用等级评分。未来，将各个评级机构采集的信息作为节点加入区块链技术改进的信用体系后，所有的个人信息和信用记录都可实现透明的公开共享，不需要像央行征信这样的中心机构来管理征信数据，实现真正的数据共融。

第三章

区块链在证券业的创新尝试

3.1 证券业基于区块链的创新

证券市场是现代金融体系的重要组成部分，而因比特币兴起的区块链日益成为证券市场参与者追捧的底层应用技术。区块链技术在证券市场中的应用存在巨大潜力，证券市场的各个领域，包括证券的发行与交易、清算结算、股东投票等，都可以实现与区块链技术的无缝对接。虽然这一技术目前还处于研究、测试阶段，但各大金融机构已开始竞相投入研发力量，渴望抢占这一领域高地。本章就区块链技术的特性，及其在证券业中的应用做详细介绍。

3.1.1 区块链突破证券业发展瓶颈

20 世纪 90 年代出现的国际互联网改变了证券的发行与交易以及清算与结算模式。现阶段国际证券市场已经基本实现了电子化交易，我国沪深交易所在成立之初也借鉴国际先进经验，通过电脑自动输入交易指令，并利用交易所系统自动撮合证券成交。与此同时，网上证券交易也快速发展。与传统的证券经纪相比，证券网上交易以其快速、方便的信息服务打破了证券交易的时空限制。近些年来，移动通信技术的进步、移动网络带宽的提升以及智能手机的普及，又将证券公司的网络委托业务向移动互联网方向转移，进一步降低了证券公司的运营成本。互联网在惠及证券行业的同时，也衍生出了许多新的金融运行机制，包括P2P、众筹融资等方式，打破了证券业的现有格局。

值得注意的是，当前的互联网技术虽然改变了传统的中心化的信息传播方式，消灭了价值低、成本高的中间链条，实现了全球信息传递，却没有解决信息的信用问题。互联网上可以分中心化的活动还停留在无信用背书活动中，而需要信用作为保证的活动一定是中心化的，目前证券业仍需要有中心化的第三方中介机构为信用做担保。因此，无法建立全球信用的互联网技术阻碍了人们在互联网上通过分中心化的方式参与任何价值交换活动。只有基于信用而存在的第三方中介机构（如银行、清算机构、交易所）才能帮助人们实现价值交换。这些金融机构运营成本高、执行效率低且系统容易遭受攻击。此外，P2P、众筹等一些因互联网而生的新型融资方式由网络平台充当第三方信用中介，并没有真正实现点对点的直接交易。因此，如何建立全球信用、如何低成本高效率地进行价值传递成为互联网技术亟待突破的难题。

区块链技术的产生突破了证券市场的发展瓶颈，使得人们能够在网络上从事价值交换活动，实现从信息互联网到价值互联网的转变。在区块链中，交易双方按照一定的竞价规则直接进行证券交易而无须第三方参与。与传统的交易账本只由第三方中介机构掌握不同，区块链本质是一个共享式分类账，它允许所有市场参与者拥有交易账本副本，实时掌握并验证账本内容，共同维护账本的真实性和完整性，提高了证券交易系统的透明度和可追责性，并有效规避金融欺诈、“跑路”现象。

3.1.2 区块链在证券业的应用

股票的发行与交易、清算和结算等执行交易的各流程、各环节都可以通过区块链技术被重新设计和简化。传统的证券发行遵从先审核后发行的方式，而利用分中心的区块链交易系统可以实现证券的先发行后审核；在二级市场进行的证券交易往往需要经过交易所、银行、中央结算机构和证券公司这四大金融机构的协调工作才能完成，效率低、成本高，区块链系统可以简化交易流程，独立完成全部服务；基于区块链的清算结算系统能以更安全的方式将结算时间降低至分钟级别；像期权这类有着复杂命名、复杂交割条件的非标准化证券必须通过律师或其他交易所参与才能完成交易，可编程证券通过智能合约将自动执行这些证券的交割命令。

获得FIX交易社区支持是区块链在证券业中的应用探索的重要里程碑。金融信息交换协议（Financial Information Exchange，FIX）是全球证券市场使用最广泛的通信协议，旨在优化电子交易的效率。FIX交易社区宣布成立“数字货币和区块链小组”，通过实时结算，提升证券交易透明度，可节省数十亿美元的成本，并减少错误、消除对手风险。新工作小组通过将区块链技术整合进入资本市场而将其与FIX结合，并探索对于FIX实施的最佳方案。该小组的另一目标是让每个区块链供应商之间相互协作，实现多个不同区块链系统的兼容统一。

国内的区块链应用探索尚处于早期研究阶段，整体上落后国外至少1~2年。2015年，在高盛发布的关于数字货币未来的报告中显示，目前全球80%的比特币交易量由人民币完成，高盛甚至声称“比特币由中国控制”。然而，除了比特币市场，国内的区块链技术却没有明显的发展迹象。由于比特币市场红利太大，先入局的比特币交易平台都不愿意轻易将其抛开，也无暇发展其他的区块链应用领域。这就导致了国内真正做区块链的寥寥无几，多数金融科技从业机构处于炒币的阶段。

不过目前，情况正在有所改善，先后有多家国内公司巨头开始布局区块链项目。IDG资本、万向区块链实验室和数贝投资现已成功跻身全球十大区块链投资机构。尽管如此，目前国内的绝大部分区块链创业项目仍处于襁褓之中，亟待研发成形。

2015年开始国内各地纷纷成立区块链研究联盟（中国区块链应用研究中心、中国区块链研究联盟、深圳区块链研究院），力图建立本土标准，共同推动区块链技术发展。由井通科技打造的基于区块链技术的资产数字化系统电子资产互通平台和小蚁在国内区块链技术实践项目中小有名气。在证券机构方面，深圳证券交易所评估了区块链技术对证券市场的影响；大连商品交易所、上海证券交易所、中国证券登记结算公司也正投入人力、物力开启对比特币和区块链技术的研究；中信证券、兴业证券、嘉实基金、银华基金等券商基金公司对区块链技术及其在证券业的应用展开了多项专题研究。

3.1.3 区块链在交易所布局

各大证券交易所纷纷嗅到了区块链技术的先机。例如，美国股票市场运营商纳斯达克（NASDAQ）在2015年首次推出了私人股权交易平台联客（Linq），成为第一个进行区块链概念验证的金融机构。在此系统中，私人股权可以很容易地进行登记、交易，将会允许大量初创公司将其股票股权系统置于该架构中进行交易，这对于创业公司，尤其是估值大于10亿美元但仍未IPO（首次公开募股）的“独角兽”公司有着极大的吸引力。2015年12月，纳斯达克完成了该系统上的第一笔交易，还完成了基于区块链的股权投票系统，足以见其对区块链的重视。

其他交易所也对区块链技术高度关注，并通过不同方式实现与区块链技术的融合。世界排名第一的纽约证券交易所（NYSE）在2015年1月投资了比特币服务公司Coinbase，并在之后推出了比特币价格指数，充分显示了NYSE对比特币及其背后区块链技术的浓厚兴趣。伦敦证券交易所是初创公司R3CEV的追随者之一，它第一个表示大型金融机构公司将寻求利用合作模式来进行区块链测试。澳大利亚证券交易所（ASX）向区块链初创公司数字资产股份公司（Digital Asset Holdings）投资超过1000万美元，在验证区块链技术的同时还将建立一个新的交易后清算结算系统。2015年11月欧洲证券市场也联合了伦敦证券交易所、伦敦清算所、法国兴业银行、瑞银银行以及欧洲清算中心等机构成立了区块链集团。虽然目前区块链技术尚且处于验证和测试阶段，但一旦验证成功，将可能成为一项重要的战略资源和颠覆整个金融业的底层应用技术。

证券交易所纷纷布局区块链旨在看中了区块链技术的多项优点。

第一，证券交易的前台系统承担着撮合交易的功能，后台系统则负责交易的清算与交收，两个系统流程和环节较多，使得各交易所处理交易的时间与资金成本过高，同时，不能在交易当日完成实时结算的制度给资本也带来了潜在的风险。区块链能够简化、自动化冗长的交易流程，实现证券发行人与投资者的直接交易，减少前台和后台交互，节省大量的人力和物力。

第二，传统证券市场以交易所为中心，交易所的交易系统保证全部交易的正常进行，一旦交易系统被攻击或出现故障，就可能导致整体网络瘫痪，交易暂停。区块链技术利用许多分布式节点和高性能服务器来支撑点对点网络，整体运作不会因部分节点遭受攻击或出现问题而受影响。

第三，由于全部的资产及证券交易都能够以代码或分类账的形式体现，通过对区块链上的数据处理程序进行设置，证券交易就可自动在区块链上实现，交易所的自动化水平将因此大大提高。比如智能合约可以把一组证券交易合同条款写入协议，保证合约的自动执行和违约偿付。

第四，区块链技术可以确保交易信息的机密性和安全性。比特币等数字货币的交易安全问题一直是外界关注的焦点。作为比特币的底层技术，区块链技术采用了全新的加密认证技术和共识机制，这一先天的优势使区块链有着天然的高机密性和高安全性。这些区块链的优点与特性对于证券市场来说意义重大。作为未来发展战略考虑，始终保持业界领先并提高效率、降低成本，全球各大证券交易所纷纷开始搭建区块链平台，探索区块链应用。

3.2 区块链试水证券发行与交易

证券领域传统的首次公开募股和证券交易需要金融中介长时间的参与，流程长、成本高、效率低。通过区块链，企业与投资者能够在多中心的交易平台上自主完成 IPO、自由完成交易，而无须任何金融中介的撮合或干预，并可实现24 小时不间断运作。如果这一设想通过验证，强化证券咨询服务能力、弱化资源获取能力和承销能力将是券商投行的未来业务转型方向。

3.2.1 区块链优化网络证券发行流程

区块链技术对于证券的发行与交易具有显著的优越性。随着信息技术的加速创新和广泛应用，网络的内涵发生了新的变化，证券交易所的内部发行系统开始逐步向互联网延伸，由此改变了传统证券发行和交易的方式，使得其开放性和时效性更强。欧美发达国家在推广网络证券发行业务方面遥遥领先，而以网络为平台的证券交易在我国证券市场上也发挥着越来越重要的作用。经过十余年实践经验，我国目前基本采用上网定价发行方式发行证券。

从技术上讲，网络在证券发行交易中的应用可以改善投资者与融资者之间进行沟通的范围、效率和质量。首先，网络降低了信息不对称性，有利于买卖双方之间的信息交流和价格谈判；其次，利用网络进行证券交易和结算登记将大大减少中间环节，提高效率，进而增加流动性。最后，网络技术的运用能够在一定程度上控制证券市场的交易风险。

然而，网上证券发行与交易同样存在弊端，主要有两个问题。

第一，网络证券仅仅是将发行和交易程序搬到了网络上进行，发行和交易的前期准备过程和审批流程并未因此而简化。网上发行和交易速度虽然较纸质时代有了大幅提升，但在国内，一个公司通过 IPO 初审后至少还需 5 ~6 个月的时间才能核准发行，时间多数耗费在了冗长的申报、反馈、回复等各个环节上。

第二，由于网络技术发展不完善、不健全，且证券交易过程和清算交收程序仍然需要第三方中介机构参与完成，因此，网上系统存在被黑客攻击的风险，交易安全性得不到有效保障。证券交易涉及大量的财产交割及隐私信息，一旦信息泄露等安全事件发生将会对国民造成巨大损失。

基于区块链的证券发行和交易能够有效克服上述弊端，原因主要在于：

首先，区块链技术大幅简化证券发行流程，实现点对点的直接交易。区块链技术可以搭建一个私人股权的市场，在此系统里，可以有很多初创公司将股票股权系统放在架构里并且进行交易。在未来，甚至很有可能所有的证券发行方式会从先审核后发行逐渐演变成先发行后审核。区块链的分中心化使得当期高度发达时，其所有节点分布在全世界任何有网络的地方，此时事前审核的可行性将逐渐下降，事后审核将成为主流。

其次，区块链匿名不可篡改的特性确保全部交易过程的安全性。区块链本质是一个公开透明的数据库，它包括了过去所有的交易记录及其他相关信息，这些交易信息被安全地存储在一串使用密码学方法产生的数据块中，在目前看来区块链能保证全部过程的安全。

最后，区块链技术极大地推动证券交易的非标准化、个性化发展。如今，在场内交易的证券几乎都是标准化证券，而非标准化证券，特别是复杂的、企业间的金融衍生工具产品则必须通过律师或者其他交易所的介入才能完成进行交易，需投入大量的人力物力。但是，区块链与智能合约的结合可以完全替代非标准化证券交易时的复杂流程，可自动执行复杂的证券清算、交割命令。关于智能合约与区块链的结合，在3.5“区块链开启智能证券时代”中会详细说明。

总而言之，区块链技术在证券行业的运用能大幅提高交易速度、降低交易成本，充分展现证券市场的直接融资特性，未来证券业可能将会从“网络化”逐步迈向“区块链化”。

3.2.2 区块链证券发行与交易平台

企业公开发行股票并上市通常来说要经历三个基本阶段，即准备阶段、申报阶段和审核阶段。在准备阶段，保荐机构和其他中介机构要对公司进行尽职调查，包括发行人基本情况、业务及技术、同业竞争与关联交易等方面，此阶段耗时需视具体情况而定。申报阶段中，企业和所聘请的中介机构会按照证监会的要求制作申请文件，符合申请条件的，证监会会在5个工作日内受理完成，此阶段大概需要2～3个月，审核阶段将经历受理申请、文件初审、发审委审核、核准发行四个程序，大约需要3个月，之后才进正式的发行与上市阶段。

除此之外，一般的发行上市过程还需要3～4周的时间，且需要经历初步询价、确定价格区间、网下申购、股票正式上市等诸多环节。这种先审核再负责发行和交易的传统IPO流程发行上市周期过长、时间和资金成本巨大，存在许多制度性缺陷，增加了企业上市风险。

区块链技术的运用将彻底打破现有的IPO流程，实现先发行再审核的高效流程，任何有发行证券需求的个人或机构都可以自行设定资产凭证并在区块链上发行和销售。无须顾虑交易时间和地点，区块链的24小时无间断运作为各交易方自由竞价达成交易提供了便利条件，降低了证券发行与交易的门槛。而传统金融机构如纳斯达克抢先探索区块链技术的目的在于维护在证券交易市场中的核心地位，并通过区块链降低其运作成本，提高安全性、透明性和流动性，为交易者改善金融市场。

私募发行领域，由于投资者希望在初创公司早期减少来自外界的对于管理层的压力并获得一定的独立性，初创公司往往选择在一定时间之内保持非公众公司身份，而暂不进行公开发行。基于这种考虑，想要获得流动性，初创公司就要通过私募发行方式获得一定的融资。私募债券的发行也要通过公司决议、尽职调查、备案发行等发行程序。在这样繁杂的流程中，初创公司需要大量手工作业和基于纸张的工作来处理股份交易，例如需要通过人工处理纸质股票凭证和期权发放、需要律师手动验证电子表格等，这些工作需要消耗大量人力、物力，还可能造成很多人为错误。此外，私募规模往往较小，为控制融资成本、保守商业机密，初创企业通常不愿意通过大量外包进行融资。区块链技术的运用将彻底实现无纸质化的私募股权发行与交易，大大提高了工作效率。

传统的证券交易程序会经历开户、委托、成交和结算四个阶段。投资者首先需在银行开设资金账户、在券商处开设证券账户，并将两者关联。之后投资者即可以通过经纪商在证券交易所进行买卖证券的活动，买卖双方按照竞价规则进行竞价，价格相互匹配的买卖双方完成交易，图3-1显示的是一般的交易流程。

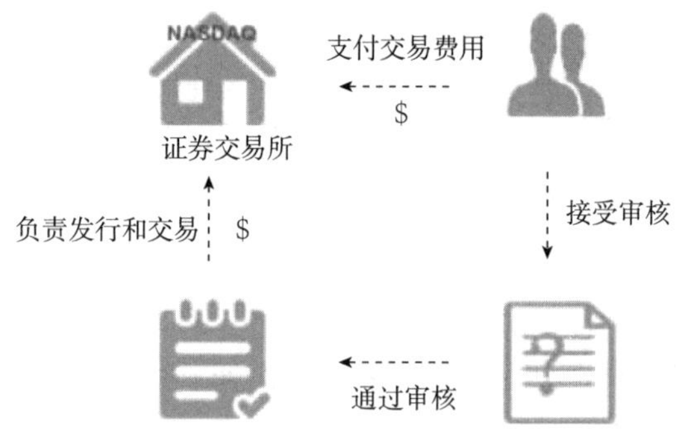

图3-1 传统交易所流程

区块链技术可以大大简化这一交易流程。在区块链中，交易双方可以直接相互竞价、撮合成交，免去了证券经纪商的代理行为。图3-2为基于区块链的证券交易系统。

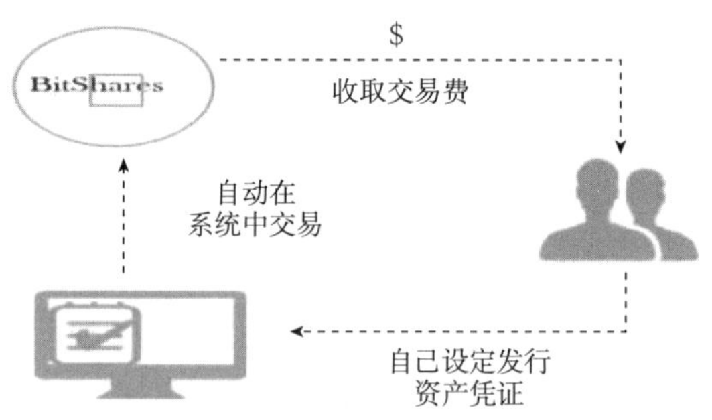

图3-2 区块链交易所流程

在区块链证券交易系统中，撮合成交的交易双方通过加密后的数字签名发布交易指令，为了让全网承认交易有效，各个矿工小组会利用公钥和私钥对数字签名进行解密，并验证数字签名的来源。之后，矿工小组会对买方资金账户中的每一笔资金进行来源验证，并验证这些资金余额是否有能力支付买进的证券，验证完成之后，交易将被记录到共享账簿当中，并加盖时间戳。最先完成工作量的证明的矿工小组向其他小组进行宣告，其他矿工小组将对此区块中的每一笔交易进行核对。工作量证明需要强大的计算力做保证，因此交易不会轻易被篡改。此外，交易记录被记录到了共享账簿当中，并由系统中的全部节点共同维护，保证了交易的真实性、完整性，便于交易确认和追踪。

3.2.3 区块链证券发行与交易应用场景

证券登记与发行是证券交易市场的基础，而区块链技术的运用将彻底改变资本市场基础设施系统的核心。区块链上存储的交易记录具有透明性、可追踪性、不易篡改等特征，可以追踪并查询到任何交易方之间的交易，有利于数字化管理证券的发行与交易以及股权的变更登记，也能有效满足证券交易的监管和审计要求。同时，区块链的运用也使证券发行与交易更加高效和安全。当大众对区块链技术还停留于假设多过实际应用的时候，网络券商（Overstock）、纳斯达克等公司已经成为业界领先者，并开启了一个全新的进程。

案例一　Overstock 计划使用区块链发行股票

2015 年 8 月，Overstock 在纳斯达克的一次活动上正式推出了区块链交易平台项目，设计目标是基于区块链技术建立可实现证券交易的实时清算结算功能的全新系统，该系统同时包括了证券的发行功能，活动中还宣称 Overstock 已经基于该系统进行了私募证券发行的尝试。

实际上早在 2015 年 4 月，Overstock 便公布了其 tØ（区块链股权交易平台），致力于将股权交易和结算放到区块链上，实现“交易即时结算”。在传统股票交易市场，典型的结算机制是“T+3”，即当天买入，3 个工作日后才可以卖出变现。而区块链技术能够在交易完成的瞬间同时结算，真正实现实时交易。tØ 平台采用了彩色币（Colored coin）的技术，该技术建立在比特币区块链之上，并由比特币分布式账本来确保安全。它可以使用很小一笔比特币来追踪资产所有权。6 月，Overstock 在区块链上发行出售了第一个加密债券（Cryptobond）。作为概念验证，FNY Managed Accounts 购买了这枚价值 500 万美元的债券。

按照美国证券监管机构的相关规定，私募债券发行不需要监管机构的批准，但仅限于私募领域，公募证券的发行需要得到美国证券交易委员会的批准。Overstock 随后向 SEC 提交了 S-3 申请，根据来自 Wired. com 在 2015 年 12 月的一份报告，在线零售商 Overstock 的 S-3 申请现已获得美国证券交易委员会的批准，这意味着 Overstock 拥有了在区块链上的股票上市发行权。

S-3 是一种登记表，可用于证券发行，在获得监管当局认可的前提下，企业能够利用 S-3 简化发行流程。Overstock 的申请已获得 SEC 的批准，意味着这家公司可以用 S-3 方式来公开发行、交易证券，这是美国监管部门首次公开批准基于区块链技术开展此类业务，今后证券发行和交易方式的改变或许将由此开始。基于 tØ 平台的发布和 S-3 的申请获批，Overstock计划利用区块链来发行债券、普通股、优先股、存托凭证等新证券，最高可达 5 亿美元。区块链技术之于资本市场，即互联网之于消费者，它的设计提供了一种安全、透明并且可靠的方式，能够记录何人在何时拥有了何种证券。

案例二　纳斯达克 Linq 第一次使用区块链技术发行私人证券

仅仅在 Overstock 推出 tØ 平台两个月之后，2015 年 10 月底，在符合 SEC 的监管下，纳斯达克推出了基于区块链的企业级应用 Linq，作为其私人股票交易平台的一部分，Linq 将促进私人股权以一种全新的方式进行转让和出售。该平台的应用将可能彻底改变资本市场基础设施系统的核心，甚至将颠覆交易结算和行政审批等低效过时的管理功能。

由区块链创业公司 Chain 公司与纳斯达克内部的技术开发人员共同创建的 Linq 在开发当中也获得了全球设计和创新公司艾迪欧（Ideo）的技术支持。

Linq 端到端的服务覆盖了初创企业证券发行、交易和登记管理等各项功能。Linq 基于区块链技术开发，其拥有的最大优势在于为用户提供一种不可篡改、永久保存的记录，兼具透明性和可审计性的特点。Linq 在股权市场的应用可以彻底移除私募股权市场对纸笔或者基于电子表格的记录保存的需求，同时这种架构也使得用户能够迅速完成所有权的转换，进一步降低对手方违约或第三方操纵的风险，“即时交割”这一证券业长久以来梦寐以求的目标将有望实现。

相较其他公司而言，纳斯达克拥有更为丰富的为股权服务的配套系统，这也是 Linq 被市场看好的另外一个原因。完全电子化、分布式的记账方案 Linq 的出台大大优化了目前纳斯达克私人股票市场已经实现了的基于云的股票管理解决方案，使私人公司更高效、透明地管理资产和股票计划。许多企业在寻求股份管理特别是私募股份管理的有效解决方案，而纳斯达克的 Linq 平台在这个领域为市场提供了一个全新的选择。

2015年12月，Chain公司在Ling平台上成功发行了本公司的股票，成为使用Linq完成并记录私募证券交易的第一家公司，该交易是区块链技术应用领域的一大进步，而纳斯达克也通过Linq减少了结算时间。此后，ChangeTip、PeerNova、SYNACK等初创公司陆续上线Linq平台。

然而现阶段，区块链在证券登记发行上的应用还面临诸多难题：投资者匿名监管问题、法律合规问题、数字证券与现实世界价值对接问题等。相信随着区块链技术的进一步完善，这些问题也将被一一攻克，而区块链交易也将日益满足现实世界中的金融交易需求。

3.3 区块链颠覆传统证券清算与结算

区块链对于证券的清算结算具有重要意义。基于区块链的清算系统将省略证券交易的“后台”系统，实现“交易即结算”。在上一节中，我们知道区块链可以实现证券的发行与交易，就是通常所说的“前台”系统。交易双方在没有证券经纪商参与的情况下，自行竞价并撮合成交。区块链的高透明性能够有效降低交易双方的信息不对称，大幅提升交易效率，维护双方权益。这种直接竞价成交的方式还能为交易双方节省代理费用。然而，区块链不只能够改善交易前台系统，还能提升交易后台表现。

各种各样的交易方式在当今世界各国证券交易市场中并存，既有传统原始的人工竞价，也有便捷快速的电脑自动撮合，还有将两者有机结合起来的专家交易系统。交易方式的不同使不同证券市场各有特点。世界证券发展史表明，一个成熟的证券市场不仅要有公平的交易系统、健全的法律制度、活跃的市场参与者，更需要能与交易系统相匹配的高效、透明甚至超前的清算登记体系。在一项交易达成之后，需要完成证券清算工作，它指的是核定计算买卖双方应收应付的证券和价款，并完成证券由卖方向买方的转移以及资金由买方向卖方的转移，清算是投资者在证券交易所必经的最后一道手续，也是下一轮交易的前提，清算制度设计的合理性可以在很大程度上决定证券市场的效率。一个高效、透明、有前瞻性的清算登记系统可以改善证券市场的整体表现。清算制度不能单独存在，它与交易制度、经纪人制度等有机组合成整个二级市场的证券监督管理制度。一个完善的证券清算制度应该达到保护投资者、确保市场的效率公平和透明度、减少系统风险的目标。

在早期证券市场上，投资者对证券的所有权表现为对实物股票的实际记名持有，因此，每笔交易达成后，证券结算要完成买卖双方之间的实物股票交付和记名更改工作，还要对证券进行清点、运输、鉴别，这些工作需要大量人工参与，十分烦琐，大大限制了结算效率的提高和交收期的缩短。信息技术的进步使得证券逐渐采取了无纸化的形式，与此相对应，证券结算也依托中央证券存管公司的电脑系统进行账簿划拨，不再需要直接交付实物股票。随着智能手机的普及，越来越多的普通股民通过移动端炒股软件投资股票。在交易时间内，为完成如此庞大数量的股民交易，柜台交易系统需要不断地接收客户的买卖委托，向交易所报盘并从交易所接收成交信息反馈。但是证券的清算结算工作仍然需要中央结算机构、银行、证券和交易所四大机构之间相互协调，效率低、成本高。

针对目前证券市场中清算体系的弊端，各大金融机构开始积极探索区块链应用：澳洲证券交易所探索利用区块链更迭证券结算系统；纳斯达克开发了基于区块链的证券发行与交易管理系统；美国存款信托闪结算机构

(DTCC)、芝加哥商品交易所、伦敦交易所等机构联合参与“超级账本项目”；等等。区块链技术的应用将为证券结算系统带来一次跨越式的创新，提高证券发行、交易和结算效率。区块链能够实现“交易即结算”的过程，将所有交易都实时显示在一个全球共享的电子表格平台上，并采用分布式核算方法实时清算，大大提升交易效率。例如，典型的证券结算制度为“T+3”，区块链技术能将结算效率提升到分钟级别，从而有效降低资金成本和结算风险。

3.3.1 区块链简化清算流程

证券的清算和结算是现代证券交易业务的重要环节，两个环节既相互联系又相互区别。为明晰交易双方的责权关系，清算业务需要对每个交易日中每个证券经营机构成交的证券数量与价款予以轧抵，对证券和资金的应收应付净额进行计算；而结算业务是指证券交易完成后，对交易双方应收应付的证券和价款进行核定计算，并完成证券由卖方向买方转移，资金由买方向卖方转移的全过程。由于结算是进行下一轮交易的前提，结算能否顺利进行，直接影响交易的正常进行和市场的正常运转。

完整的证券交易过程可以划分为两个阶段：前台系统和后台系统。

前台系统：通过交易所等组织体系进行询价报价并按照相应的规则达成交易，由证券经纪商的柜台交易系统或证券交易所的集中交易系统来完成。这个系统仅仅为投资者提供了参与证券交易的途径。

后台系统：通过交易系统在交易双方之间订立一个证券资产转让契约，并真正实现资产（证券与钱款）的所有权转移来完成交易。后台系统是完成资产的核算与交收的途径。

在“一对一”交易模式下，资产的核算过程简单，交收只涉及交易双方；随着交易方式的丰富、由金融创新带来的证券交易品种的增多、参与者的增加等诸多因素的影响，“后台”系统日益复杂化，加剧了结算风险。为应对日益庞大的交易需求、有效降低交易风险，国际结算机构的“后台”系统功能不断深化，分工更加细化，逐渐与“前台”系统相对分离。下面主要介绍后台系统部分。

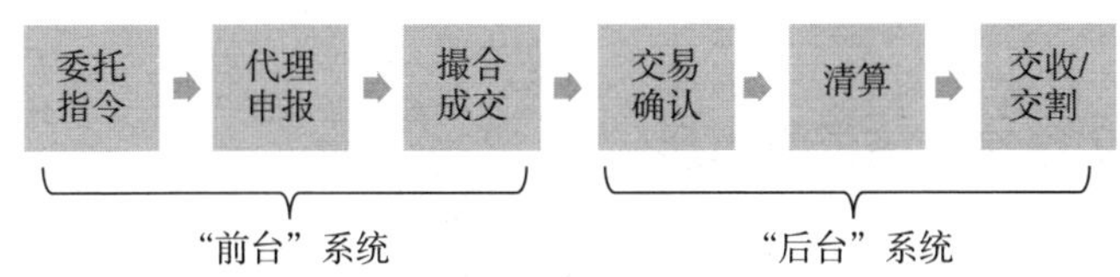

图3－3　证券交易过程

“后台”系统从“前台”系统的最后一步撮合成交开始运作。撮合成交的方式比较多元，既有场外市场基于计算机和电信网络的自动成交系统，也有股票交易所“公开喊价”的传统成交系统。一旦成交就要在交易确认环节确保交易双方同意成交的相关条款（包括证券价格、种类、数量、结算日期等)。交易确认完成后，系统进入结算阶段，首先进行清算，即对买卖双方应收应付的证券和价款进行核定计算，而后实现证券交收。证券结算系统和资金结算系统指令运作过程包括诸多环节，形成了不同的卖方和买方义务，必须仔细区分不同的结算指令状态。

“后台”系统的发展趋势是托管与结算业务趋于一体化、集中化；结算方式的时效性增强，并朝着先进化、电子化、专业化的方向发展。在证券清算结算系统中，我国采用100%强制保证金制度，而国际证券市场多数采用信用保证金制度，即允许一定程度上的融资（券)，由此造成了中外两种清算制度在交收的主要步骤和面临的风险上的差异。

在上述一般的交易后台系统中，撮合成交完成后还要经历交易确认、清算、交收三个环节，需要证券交易所、证券托管局、券商、银行等金融中介机构的通力配合。其中每一个机构都需要完成相应的交易确认、记账等工作，存在较长的时滞，增加了交易风险。区块链清算系统将简化这一复杂流程，由矿工们通过验证数字签名和一定量的工作证明确认交易的真实有效性，并完成资金的划拨以及证券的交割，整个过程仅需10分钟，大大缩短了清算时间，减少了结算风险。

3.3.2 区块链降低结算风险

结算风险是可控风险，其大小与信用制度、结算系统软硬件配置等方面的完善程度密切相关。证券无纸化、净额结算、货银兑付、滚动交收以及中央结算公司的设立等都为防范和化解结算风险提供了组织与制度保证。但是，现行清算制度仍然存在一定问题亟待解决。

第一，风险集中度较高。在风险转移式交收方式下，中央结算公司作为所有结算直接参与者的共同交收对手方，几乎集中了市场所有直接交收风险，也就是说，当某个结算会员违约不能正常交收，中央结算公司为使其余交收连续进行，必须首先以自有资金或证券充抵该交收缺口，然后才能向该违约会员追索赔偿。因此，保持结算公司充分的风险化解能力是至关重要的，当今证券市场上通常是通过建立结算风险准备金（基金）来化解风险。

区块链交易系统中，不存在共同对手方，交易风险完全由交易双方分别承担。并且在区块链中，为了获得奖励，矿工们会验证交易的真实性和可行性，一旦交易一方被验证不满足交易条件，则交易不再进行，结算风险降低。

第二，自律管理不到位导致结算风险较大。目前，我国证券市场采取中央结算模式，结算公司作为买卖双方的共同对手方采用净额结算和

"T+1"交收制度来保证会员间的结算交收工作顺利进行，在一定程度上控制了结算风险。然而在实际操作中，证券公司往往缺乏监管，私自透支一定数量的交易并参与其他非法经营，这些不自律行为极易诱发信用风险。虽然沪深交易所规定会员券商必须交纳一定的清算保证金和交割准备金，但其数额却远远无法应对可能发生的交收风险。从历史经验来看，证券市场曾经发生过的几起恶性透支交易事件其透支额均数倍于结算准备金。

区块链系统中，券商的作用将被严重削弱。交易双方通过声明发布交易指令，资金或证券不经过券商将直接被划拨到对方账户，从而避免了券商的透支行为。

第三，银行资金调度准确性、即时性对结算速度影响较大，结算系统性能稳定性有待提升。在信息技术快速发展的过程中，结算系统由于发展不完善、不健全，存在着一定程度的不稳定性，给结算公司甚或是市场都带来了较大的风险。

区块链系统的结算性能稳定、安全程度高。矿工们在进行交易确认时不仅要验证交易者的身份，还会验证交易账户中的每笔资金来源以及资金余额的支付能力，确保结算工作的顺利执行。交易记录由系统节点共同维护，可追踪、可审查、不易被篡改，安全性高。

目前我国亟待加强中央结算公司的风险基金改革。不仅要扩大规模，还要改进其构成与管理制度，使结算公司保持充足的财务能力来应对各类风险。

3.3.3 区块链结算清算应用典型

案例一　澳交所考虑采用区块链来升级证券结算系统

澳大利亚证券交易所（Australian Securities Exchange，ASX）有一

个长期的计划，准备在未来的几年里升级它的交易和交易后的证券结算系统。2015 年 10 月，ASX 宣布考虑采用区块链技术来实现这一畅想。纳斯达克和瑞典的 Cinnober 金融技术公司将会为该系统提供一部分组件。与此同时，ASX 率先投资了数字资产控股公司 DAH，后者将与纳斯达克一起为澳大利亚证券市场设计结算系统。

ASX 当前的证券结算服务是由结算所电子附属登记系统 CHESS（Clearing House Electronic Subregister System）来完成的。

ASX 首席执行官埃尔默·库珀（Elmer Funke Kupper）表示，过去 20 年中，世界各处运行的交易后服务系统少有创新。ASX 并没有使用相同技术通过更新版本来替代 CHESS，而是寻求结算系统的再造和简化，使之更好地适应于现代市场。建立证券交易后系统已成为 ASX 的一个独立的业务，目前由澳大利亚国家银行的克理夫·理查德（Cliff Richards）领导。ASX 正在努力寻找新技术，使这种新技术能在提高终端传输效率的同时削减大量来自投行和经纪后端的管理成本，而区块链技术则非常有潜力做到这一点。区块链能够在交易结算时降低复杂度，从而节省时间并降低成本，因此 ASX 指派专业团队研究区块链技术。

ASX 将会从 2016 年底开始升级其证券结算系统，评估认为这需要 5 年的时间来完成，费用大概会是 ASX 年收入的 7%，约为 4500 万美元。ASX 应用分布式账簿系统的计划分为两个阶段。第一阶段的主要目标是研究如何实现该技术的应用，并测试其是否能应对澳大利亚股票市场这样的大规模复杂交易情景。金融监管委员会认为这是重大国家风险管理的基础设施，同时澳大利亚政府会决定是否在证券清算系统上进行竞争。如果允许开展竞争，那么 ASX 将会在今后的几年里研究如何做到这一点，并且会安装额外的链接系统和全新的清算所。

但是，ASX目前并没有承诺一定会采用区块链技术来和现有系统进行协同工作，但ASX将会综合考虑所有利益相关方的利益，并在2017年前对使用技术与否做出最终决定。

案例二　DTCC呼吁行业合作探讨区块链改善结算系统

美国存管信托和结算公司DTCC在2016年1月发布了一份白皮书，名为《拥抱颠覆：试探分布式总账技术潜力，改善交易后台管理系统》。白皮书提出尽管目前的金融市场结构已经提供稳定的、可靠的可追溯记录，但是金融市场结构仍非常封闭、复杂，而且无法满足每天24小时的处理需求。DTCC认为一系列资产与完整的、可追溯交易记录的分布式记账本匹配才是最安全的。如果这些记录只对信托方开放，将会大大改善交易，降低风险和交易后成本。白皮书指出行业想要利用区块链技术来改善现有流程的主要原因在于，区块链不可更改的交易记录历史、超强的审计能力以及能够提供证券交易确认和复制留存的标准规则等。

DTCC建议积极探索区块链，并认为可以开发的机遇包括：主数据管理，资产/债券的发行和服务，确认资产交易，交易/合同确认，记录和配比复杂的资产类型，净额清算，抵押品管理以及长期结算。与此同时，白皮书也提醒认为，分布式记账技术既不成熟，也未被证实。目前该技术缺少下层结构，并受到内生规模化限制，暂且不能完全整合到既有金融市场环境之中。因此，该技术可以是一个替代方案，但可能不会是每个问题的解决办法，通过标准化的工作流程和云技术的拓展利用，行业可以评估成本降低和风险降低的概率。DTCC也提醒金融服务行业做进一步的调查研究再考虑采用区块链技术。例如，要着力分析利用区块链技术改变交易后系统的收益是否大于成本、是否能克服固有的规模和性能的挑战。

作为一家存在了超过40年的国际金融巨头，DTCC是一家能够领导研究力量，探索区块链技术如何能简化或取代现有的交易后系统的公司。早在2015年底，DTCC就参与了由林纳克斯（Linux）基金会领导的开源区块链项目“开放式账本项目”（Open Ledger Project），英特尔、IBM、思科、摩根大通、伦敦证券交易所集团等一众科技金融巨头也纷纷加入该项目。DTCC利用这层合作关系在为技术制定标准的过程中起到了至关重要的作用，并确保技术是开源的。近期，DTCC也成为数字资产控股公司DAH的投资商。这笔投资帮助引进了标准、企业管理和技术，为分布式账本的应用提供了资金支持，还促进了全行业的合作。

3.3.4 区块链清算结算应用优势

高成本、低效率一直制约着全球证券股权交易的进一步发展。区块链作为一种安全防干扰的数字化分布式数据库，不仅可以实现价值的安全储存和转移等功能，还能够有效改善目前的证券清算与结算系统。区块链技术具有庞大的低成本计算能力，并且不需任何中央机构即可在交易对手之间进行数字资产转移，这促使全球交易和结算运营者日益开发应用区块链技术。

区块链的产生基于多中心化的分布式网络系统，本质上是一个跨越全球网络的数据库。在证券的清算结算当中，区块链技术有如下优势。

首先，区块链账本有着不可篡改、安全透明、易于跟踪等特点，能够更加高效、安全地实现对证券登记发行、证券交易、股权管理的数字化管理。先审核，再发行和交易一直是传统的IPO流程，这种IPO流程大大减慢了公司上市进程。通过先进的计算机加密技术来跟踪交易，区块链能够在证券结算清算系统中省略清算局以及审计员验证交易的步骤，忽略投资者股票持有的真实性。

其次，几乎可替代传统证券交易过程中的“后台”系统。从本质上看，区块链加密技术实现了证券的清算与结算的“分中心化”，省略了交易系统中的后台系统，有效降低了记账、验证交易和第三方审计的高额成本，同时降低了证券交易所的交易成本。

再次，在区块链技术条件下，“交易即结算”变得非常现实。与传统的“T+3”和“T+2”的清算时间相比，点对点交易可以让清算过程实时发生，提高了资产的流动性。证券交易所在这种资产的高流动性条件下也将吸收更多的股票投资。

复次，区块链的交易“保真”可建立一个高透明的权益市场。高透明的权益市场是区块链技术带来的另一大好处，由于参与交易的双方都有完整的交易记录副本，篡改交易或者伪造交易记录的行为几乎不可实现。假使篡改交易或虚假交易发生，网络中其他节点的交易者手中的交易账本副本也会发生变化，交易者可以第一时间洞察不真实交易的存在，从而拒绝交易或上报监管机构。

最后，区块链交易系统更为安全，抵抗性强。作为一种分布式的总账，所有使用区块链进行证券发行与交易的人都可以维护它，而不用通过一个中心化的计算机。从理论上而言，与中心化的总账相比，将区块链引入证券清算结算系统更安全，也更经济。

利用图3－5的方式能够更为清晰地看出区块链技术的运用将带给证券结算与清算系统怎样的变化。图3－4是美股中典型的“T+3”结算方式，亦即在交易发生后的第三个工作日才能完成清算交割。在传统证券交易中，完成交易需要资产托管人、证券经纪人、中央银行和中央登记机构四大金融机构相互配合，整个流程效率低、成本高，并造就了强势中介效应，缺乏信息的证券投资者往往遭受损失。有关资料显示，美国两大证券交易所每年的清算费用就高达650亿~850亿美元，而缩短一天清算交收时间即可将每年清算费用减少27亿美元。

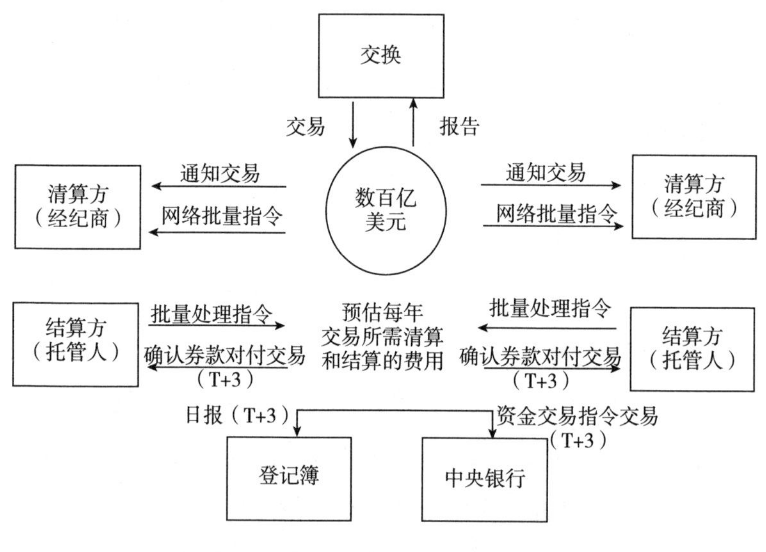

图3－4　传统"T＋3"结算模式

图3－5显示的是利用区块链技术改善的证券交易结算系统。通过在区块链中加入智能合约，买卖双方能够实现自动配对，以及自动清算结算。这就意味着每个参与者可以将发生的每笔交易记录自动下来而不需要中心机构参与。由于区块链技术快速拷贝性和不可篡改性，真实的交易信息能够准确、快速地在区块链上产生公示。证券交易的买方和卖方、股票交易价格与数目、资金的结算与证券交收都会被真实记录下来，有关交易所有权的争议不会再发生。与典型的清算交收时间"T＋3"不同，区块链仅需10分钟即可完成清算结算工作，交易费用和管理成本将由此大幅降低。

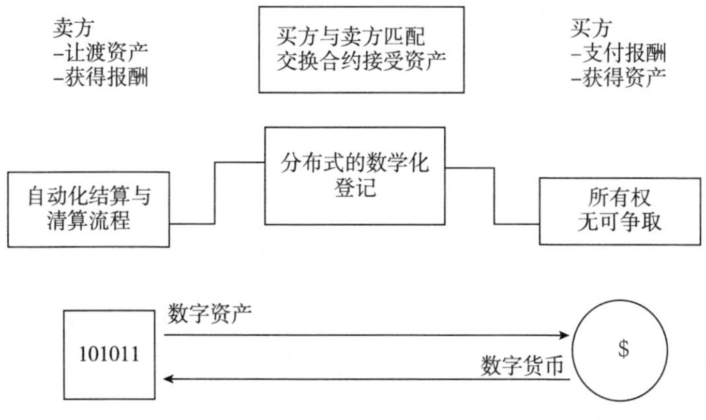

图 3–5　区块链结算模式

3.3.5 区块链清算结算应用局限

基于区块链技术的证券交易能够高效透明地实现实时结算与清算，提高资产的流动性。但是这样的交易系统对于证券交易来说是否完美无瑕呢？目前许多金融机构都大力投资区块链技术的研究，力求降低清算交收成本，提高清算效率，比如使证券交易能够达到“T+0”实时清算。但是有资深研究者认为当前区块链技术在证券市场中的应用存在一定局限性，主要表现为如下几个方面。

3.3.5.1 融资融券模式遭受影响

在经纪人或托管人的权责范围规定中，许多投资机构允许他们向投资者借贷闲散的证券去填平空仓。但是一旦投资者决定卖出这些可贷证券时，证券必须立即退回至投资者的账户之中。鉴于当前普遍的“T+3”清算时间（欧洲是“T+2”），托管人和经纪人将证券退回至原有账户的时间充足。而在基于区块链的“T+0”系统中，托管人和经纪人要在证券销售发生前就向投资者退还借出的证券，上述操作难度很大，如果不能顺利实现，投资者只能持有降价股票，直至借出的证券返回到他们的账户中，但财产损失已经发生无法弥补。

3.3.5.2 造成交易冲突

同一家金融机构往往拥有多个投资组合经理，为降低价格波动和交易费用，他们会联合起来整合同一种证券的订单于市场的单一交易块中，而区块链本身是一个资产所有权记录，运用区块链会使这些交易的操作变得困难。从技术上来说，投资者购买的证券并不是投资机构的资产组合，而是单一的资产。因此，每位资产组合经理只能单独执行交易操作，这就意味着，为争夺流动资产，同一家公司的资产组合经理们存在同一时间下单的竞争关系，由此大型金融机构的内部争斗将会在市场中上演。

3.3.5.3 净额结算无法实施

净额结算能够在投资机构内部实现部分清算工作，显著降低清算成本。区块链技术能够将清算时间降低为“T+0”，在这样的交易环境中，每笔交易实现瞬时结算必然会带来交易量的增加。如果使用目前的公共比特币区块链，其缓慢的处理速度会严重限制一天的交易量。如此一来，基于区块链的交易系统将面临吞吐量较小、延时较大的问题。

综合而言，区块链技术能够在一定程度上改善证券交易系统。但其在类似会计和风险计算这些需要拥有强大计算能力的后台核心系统中的应用却仍显得心有余而力不足。在基于区块链技术的清算系统中，矿工可以通过解决优化交易问题获得比特币奖励，同时希望交易达成的比特币用户也会为矿工支付清算费用。矿工根据区块上交易记录问题的困难程度以及清算费用的高低，为交易优先排序。不需要中央清算所，区块链仍可将后台运行维护的费用转嫁至交易者。这极有可能演变为交易者之间的交易顺序竞争，每个交易者为更快完成清算都会支付较高的费用。

3.4 区块链股东投票

区块链技术还可应用于股东投票系统。股东大会是上市公司的最高权力机关，是公司治理结构至关重要的环节。股东投票权是公司股东的一项重要权利，它具体、直接地反映了股东与公司之间的法律关系。股东参加股东大会并对重大事项进行投票是充分表达意愿、行使权利的重要手段，也是选派自己信任的人进入董事会、间接参与公司经营的重要途径。由于股东数量众多且极为分散，如何设计上市公司股东大会制度，确保股东投票表决权的正常行使，对于维护公司利益十分关键。

传统上股东行使表决权可以通过两种方式，即股东亲自出席股东大会行使表决权或者股东委托代理人出席股东大会行使表决权。随着信息技术的产生与发展，许多国家的法律法规允许股东或其代理人在不到场参会的情况下通过股东网络投票方式表达自己的意愿。股东网络投票也存在两种形式，一种是依托互联网的投票，另一种是依托证券交易系统的投票。但是，现行的各种投票方式与投票制度均存在种种弊端，无论基于哪种投票形式，在目前的股份有限公司特别是上市公司股东大会投票中，公司的小股东和大股东表现出来的积极性截然不同，绝大多数小股东或是放弃参会资格或委是托代理参加股东大会。因此，广大小股东的表决权往往不能得到有效保护，参与度、投票效率和公正性也无法得到保证。基于区块链的股东投票系统为股东投票制度提出了新的解决思路，并在众多方面展示出了自己的优越性。

3.4.1 传统股东投票制度弊端

股东投票制度是一项法律制度，它允许上市公司不出席股东大会的股东可以通过代理人执行自己意愿，并行使投票表决权。通常情况下，大股东一般都会自己亲自出席股东大会，不需要委托他人代为投票，因此股东投票制度是一种专为不能出席股东大会的小股东而设计的投票制度，旨在帮助小股东实现其意志，维护其权益。

在委托—代理制度中，委托书上将记载股东对股东大会议案的赞成或否定意见，股东也可直接在委托书上限定代理人的权利行使范围，以确保其权利能够被合理利用，投票意愿能够真实、准确地反映到股东大会上。但委托股东投票制度本身具有缺陷性，区块链技术能够克服股东投票制度的弊端。

第一，区块链投票系统可以解决代理问题。找到可信任的代理人并代表自己出席股东大会并非易事，对于远离公司地址的散居在世界各地的股东来说更为不易，委托—代理制度不能从根本上解决小股东行使表决权的问题。此外，在代理行为下，不能亲自参加股东大会的股东其投票表决意愿经由代理人代为表达，实际上是被剥夺了投票权，不仅如此，这些股东获取会议资讯的权利也被剥夺。委托—代理制度极容易引发道德风险，变成大股东和公司高管玩弄于指掌间的游戏。

一旦公司使用区块链投票系统统计投票结果，则无论身处何方，全部股东只需要配备一款可以联通信息高速公路的掌上电脑或智能手机，在其上下载并安装区块链投票系统应用即可通过系统网络轻松投票而不用亲自到会。此外，在区块链投票系统中，股东不需要再由代理人代为行使自己的权利，更不用再为寻找可信赖的代理人而绞尽脑汁。股东通过亲自参与投票，杜绝了管理层的权利滥用行为，保护了自己的股东权益。

第二，区块链可以显著降低中小股东参加股东大会的时间成本和资金成本，提高股东投票积极性，扩大投票参与度。提高股东参与度是公司治理的需要，不仅对现行公司的运营具有重要的意义，还可以提高公司价值。从公司角度而言，股东参与度提高有利于公司民主化。股东的投票往往是深思熟虑的结果，兼顾了股东的个人利益及公司利益，此举有利于帮助公司实现价值最大化。对于整个证券市场而言，由于股东不再盲目地“用脚投票”转而采取积极参与的方式，有利于维护证券市场的稳定。

利用区块链投票系统参与投票的门槛较低。区块链投票系统不需要实体会场和人员监察，如果股东自行投票，则只需连接入网的终端设备和区块链投票系统应用。解决了股东投票问题，中小股东还可以通过区块链投票系统获得并了解公司经营状况和财务信息，从而保障了其知情权，激发其投资和投票的热情和积极性。随着移动通信网络的覆盖以及智能手机的普及，股东的投票参与度也会逐步提高。

第三，区块链能简化原有股东投票流程。现行股东投票制度流程复杂，操作不便，易出现人为错误。图3－6显示的是一套目前广泛运用的股东投票机制流程图。

图3－6　传统股东投票流程

在这套投票机制中，股东投票经纪人会收到资产管理人的投票指令，指令随后会被传递给投票分配者，再由投票分配者将指令移交给托管人以及子托管人。托管人到公证处请求公证人对投票指令进行公证，完成公证的投票指令将在登记方获批申请并完成登记，投票信息最终将被汇总到公司秘书处。这种股东投票机制流程长、程序复杂且非标准化，投票信息在传递的过程中可能会被人为篡改或意外丢失。此外，托管人和子托管人还使用了完全不同的字符识别系统和信息传输系统，这使得投票的追溯和确认工作异常困难。一家荷兰研究机构的调研结果显示仅有少数的公司能够确认自己带来的投票结果。在荷兰使用股东投票系统的公司里，这一比率仅为31%。

区块链投票系统在设计之初就去掉了纷繁复杂的中间环节，简化了投票流程，为投票信息传递提供了直接、安全的通道，大大提高了投票效率。此外，由于提交成功的投票信息被记录在了公共账本上，且不易被篡改和变更，极大地提高了投票信息的可审计性和可追踪性。

3.4.2 区块链改善股东网络投票

由于亲自出席股东大会成本较高，股东投票人又无法较好地执行投票代理权，且不存在有效监督，小股东往往选择通过“搭便车”或者买卖股票的方式表态。股东通过网络参与投票的方式，冲破了股东行使表决权的时空限制，克服了中小股东无法现场出席股东大会并参与公司决策的缺陷，方便、直接地满足了股东的权利，排除了外部干扰，显著地降低了公司的治理成本。图3-7和图3-8是两种常见的股东网络投票系统。

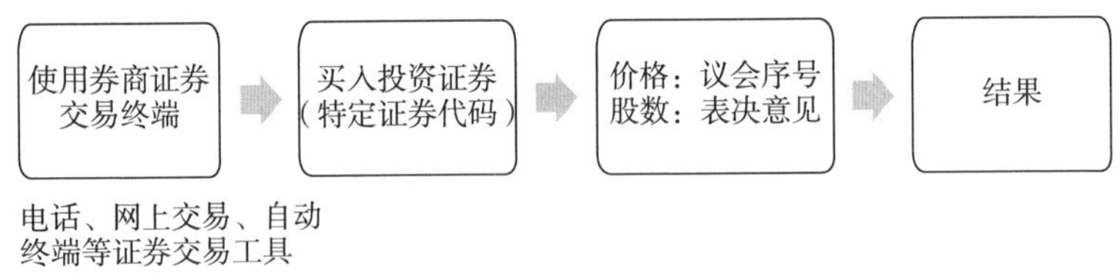

图3-7　证券交易系统投票

股东网络投票制作为一种高效、便捷的投票方式保护了公司民主决策

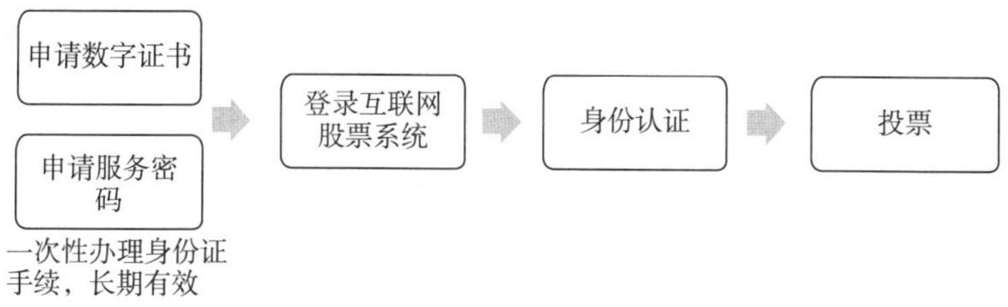

图 3－8　互联网投票系统

机制，维护了中小股东的权益，提高了上市公司的治理水平。同时，股东网络投票制度在保护股东知情权、克服委托—代理制度的缺陷、减少开会时间和资金成本方面同样具有积极意义。但是股东网络投票依然存在诸多问题亟待解决，并没有真正满足目前的需要。公众需要的投票系统要满足以下要求：

（1）一个可信的分中心化数据网络，而非一个数据集中存储的系统；

（2）一个支持自动化认证的系统，允许系统的所有参与者验证其选举的权利，并投下无法更改的唯一一票；

（3）使用不可更改的方法建立一个追踪系统，保证结果的准确真实性，无须质疑投票产生的结果。

显而易见，基于区块链技术的投票系统能满足上述要求，并能有效规避股东网络投票弊端。具体如下：

第一，区块链可以避免重复投票。股东既可以通过交易所的投票系统参与股东大会投票，也可以利用个人电脑在股东网络投票平台上投票。存在同一股东同时利用两种系统投票的情况，也存在利用一种投票系统反复参与投票的情况。股东这种反复、重复投票甚至在不同的投票系统上提交不同投票结果的行为将严重影响投票结果的统计，股东自身的权益也将因此遭受损失。

区块链投票系统能够克服投资者反复投票，重复投票的操作。一旦投资者在区块链投票系统中提交成功，则投票结果就被永久记录到区块当中。由于投票结果由区块链中的全部节点共同维护，想要更改投票结果必须说服至少51%的节点同意，随着节点数的增加，说服单个节点的边际成本会陡然上升。因此，重复、反复投票的情况基本不可能发生，投资者将会审慎对待自己的投票权，进而明确态度、谨慎投票。

第二，区块链的安全加密认证技术可以克服网络技术缺陷。互联网投票系统投能够使股东更方便地利用多媒体、互联网等高科技手段全方位、多角度、宽领域地了解股东大会会议议案，参与会议交流，及时获悉会议现场情况，有利于股东自主表达意愿、合理行使自身的投票表决权。但当前网络技术发展不完善，存在稳定性、安全性等方面的问题，不能有效保障股东的表决权。

区块链投票系统利用数字签名和加密方式确保投票结果的唯一性和真实性。矿工们会对每一个投票结果进行解密并验证数字签名与投票账户的对应性，通过一定量的工作证明，最先完成编码生成的矿工小组将会向其他矿工小组宣布投票提交成功，并将结果记录在案。工作量证明需要计算机强大的计算力完成一段随机编码的生成，因此投票结果不会轻易被篡改，投票结果的安全性因此大幅提升。

第三，区块链技术能够大大缩短股权登记日与会议日之间的时间差。中国证监会发布的《上市公司股东大会规则》中规定，应当在股东大会通知中明确会议时间和会议地点，并确定股权登记日。会议日期与股权登记日之间的间隔原则上不应多于7个工作日。股权登记日一旦确认，不得变更。对于即将召开股东大会的公司来说，应尽量缩短股权登记日和投票日之间的时间差。在股东大会之前，完成股权登记的部分公众股股东可能已经卖出公司股票但还没有实现股权变更登记，因此这部分股东不大可能再来参与会议并在会议中表决，即使来参与投票，也不需要承担投票表决结果。

为了减少由此带来的负面影响，应尽可能缩短两个日期的时间差。

如果在区块链系统中同时实现证券的发行与交易，则清算结算可以实时完成，相应的股权登记也能瞬时完成变更工作。因此股权登记时间与投票时间可以无限缩短，只需设立投票日和投票启动时间即可。在投票开启之前卖出公司股票并完成股权登记的投资者不再具备投票资格，相反买进公司股票的将拥有投票权利。当然，在实际操作中需要完善区块链投票系统的设计并用一定的规章制度规范投资者的权利与义务。

此外，对公司而言，为了召开股东大会，公司会议成本较大。现代上市公司规模巨大，股东众多且极为分散，仅通知股东参加会议就是一项费时费力的工作，若大多数股东同时出席股东大会并参与表决，还将使公司承担巨大的会议开支（包括租用场地开支、投票纸张开支等），而且将面临场地容纳与特殊情况处理等事实上的困难。公司可通过通信网络召开股东大会，与社会公众股股东进行交流，为公司决策提供更加科学、合理的建议。并且，利用区块链投票系统统计股东投票将大大节省场地开支，节约股东投票所需纸张开支。

3.4.3 基于区块链的新股东投票模型

区块链技术打破了传统的流水线型的投票流程。用户首先需要下载区块链投票系统软件，然后在系统中提交身份信息进行身份验证，注册成为资产管理人。注册成功的用户即可使用软件参与投票。图3－9显示的是基于区块链的新股东投票模型。投票结果将被提交至分布式的数字化投票登记系统，并由矿工的工作量证明验证投票结果的真实有效性。一旦提交成功，则投票结果将不能再被撤销或者变更。由于区块链本身是一个共享式的分布式账簿，投票信息会实时发布到共享账簿当中，方便资产管理人快速查询到投票结果。与传统的投票机制相比，区块链投票系统流程安全、透明、高效，操作便捷，能够节省50% ~60%的成本。

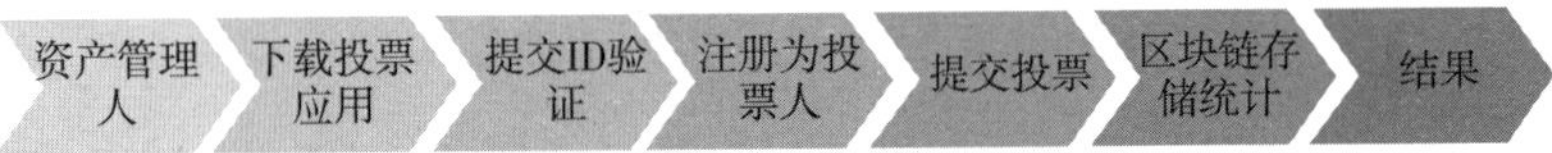

图3-9 基于区块链技术的股东投票模型

基于区块链的投票模型有利于维护中小股东的合法利益，约束大股东和公司管理层的权利，在一定程度上改变了公司股东大会被人操纵的局面。同时，区块链投票系统以其安全、便捷的特性有利于降低股东参加股东大会的时间和资金成本，并提高社会公众股股东参加股东大会的比例，增加公司经营的透明度。

3.4.4 区块链代理股东投票应用典型

案例一 纳斯达克试验基于区块链的股东投票系统

在欧洲2015年“贸易与技术之卓越金融新闻奖”会议上，纳斯达克首席执行官鲍勃·格雷菲尔德（Bob Greifeld）宣布了一项重大决定，该股票交易所将使用区块链来管理股东投票系统。纳斯达克打算将股东投票放置在区块链上，人们可以在这种不可更变的总账系统上用自己的手机进行投票，如此一来，无论是大股东还是小股东都可以参与公司年度会议的投票，而无须出席周年大会，并将记录永远保存于区块链上。在区块链环境中的信任是固有的，这可以解决跨国股东投票的公正性问题，而这是纳斯达克非常重视的一点。

根据纳斯达克的说明，该试验选择爱沙尼亚的纳斯达克OMX塔林证券交易所作为试点，该交易所是爱沙尼亚唯一已经获得监管的证券市场。为了让上市公司的股东，特别是中小股东更多地参与投票过程，这是项目试验迈出的第一步。目前，股东参与投票过程都与市场需求脱节。该项目的工作人员援引统计数据，显示上市公司的管理投票过程，股东参与率很低，仅为1%。

纳斯达克代表声称，爱沙尼亚的市场是试验该系统的理想平台，纳斯达克能够通过该国的电子居留（e－Residency）平台访问投资者数据，从而为用户创建起自己的表决账户。此外，爱沙尼亚本身热衷于IT创新也是纳斯达克选择该地区进行试验的重要原因之一，因为这意味着这个系统更可能获得潜在的支持，如果成功，将能在更广阔的范围内推广开来，被广泛运用。

这次试验是纳斯达克正式开展的第二个区块链试验项目，第一个项目是纳斯达克开发的股权交易平台Linq。目前，Linq平台还处于测试阶段，只对一小群内部测试用户开放。但对于系统的设计细节，纳斯达克仍保留了一定程度的神秘感，除了说明该试验的目标之外，并没有说明纳斯达克将利用哪种类型的区块链进行试验、将和区块链产业中的哪家公司进行合作开展试验、最终呈现的产品是什么形态的等细节问题。不过该试验声称，该产品将包括移动用户所需的一些功能。例如，让用户能够在自己的办公室或者家里，足不出户就参与股东投票。这暗示着，该项目可能需要开发移动方面的应用。

案例二　俄罗斯计划2017年推出区块链投票试验

俄罗斯中央证券登记局——国家结算存管（NSD）宣布，他们已经成功地完成了一个基于分布式总账的电子代理（e－Proxy）投票系统的开发和测试工作。该系统采用ISO 20022国际标准，是基于一个NXT的分布式密码平台，项目的开放源代码可以在GitHub上找到。虽然目前e－Proxy是完全可操作的，但谈论其在实践中的应用还为时过早，使用e－Proxy投票的实施需要一定的立法。

e－Proxy **投票是什么?**

e－Proxy投票系统是一项处理企业行为的创新技术，它为证券持有人和发行人之间的信息和文件交流提供了一种电子交流方式。该系统是在2014年8月由NSD首次研发并实施的。2015年4月，NSD显著提升了这一技术的性能并将其纳入ISO标准。2016年4月，NSD通过一个债券持有人会议检测了e－Proxy投票系统的表现。

e－Proxy **如何工作?**

NSD通过发送和计数投票指令管理投票台账。基于区块链的e－Proxy投票样机将投票指令直接寄存在分布式总账上，这个分布式总账可以立即被所有区块链参与者访问。股东使用各自的数字签名并通过个人账户在被提名人的网站上投票。之后，候选人将股东投票结果登记到区块链上，同时也伴随着一个数字签名。为了确认已收到的投票，被提名人将提供给证券持人一个身份号码，这个号码对应于他们在分布式数据库的投票结果。

随后，投票表决记录从一个被提名人传递到另一个被提名人，直到它到达中央证券登记处。当投票结束时，系统自动计算投票结果，NSD在区块链上使用数字签名发布投票结果。密码的使用确保了在每一个阶段的投票过程的完整性。

一个e－Proxy投票系统有望提高股东投票人数，这是需要消耗高昂费用的传统投票制度所无法做到的。

3.5 区块链开启智能证券时代

想要理解智能证券，首先要理解智能合约。早在 1994 年，密码学家尼克萨博（Nick Szabo）就在其论文中提出了智能合约的理念，但在当时并没有其实现的途径。区块链出现后，智能合约重获新生。

3.5.1 智能证券是可编程证券交易

智能合约（Smart contracts）没有清晰确切的定义，简而言之，智能合约是可以自动执行合约中条款的计算机程序。在不远的将来，这些程序可能将会取代某些智力密集型产业，如处理某些特定金融交易的律所和银行。究其本质，这些自动合约的工作原理类似于计算机程序的“如果—那么”（If - then）编程语句，而智能合约则采用了这种方式来和真实世界中的资产进行交互。当一个预先被写入程序的条件被触发时，智能合约便会自动执行相应的合同条款。因此可以说，智能合约是一个事件驱动型的、有状态的、在一个可复制可分享的账本上的并且能够安全保管账本上资产的特定程序。智能合约在设计时首先要满足一般的合同条件，如付款方式、留置权、保密性、甚至强制执行等，使其能最大限度避免恶意行为或意外事件的发生，减少对于信用中介的依赖。除此之外，降低欺诈损失、控制仲裁成本、执行成本以及其他交易成本等相关经济目标也应当在智能合约设计中予以体现。

在过去，没有能够支持可编程交易的数字金融系统，这也正是萨博关于智能合约的理论在之前很长一段时间内都未能实现的原因。

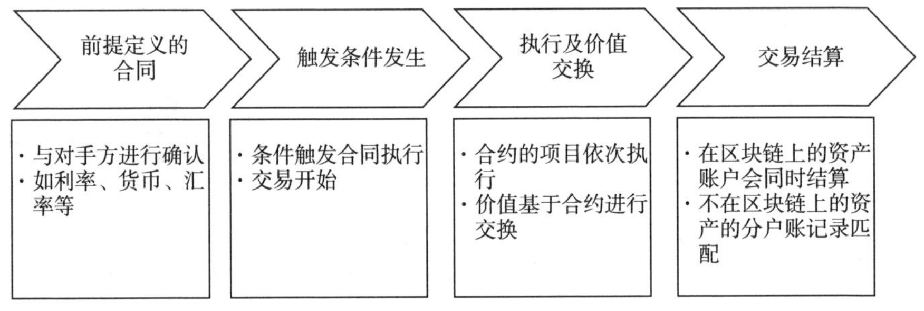

图 3－10　可编程智能合同系统

但是，区块链的出现为智能合约的应用打开了大门，让萨博的理念得以有实现的希望。智能合约是区块链最重要的搭档，也是区块链能被称为一项“颠覆性技术”的主要原因，更是各国央行都在考虑基于区块链技术来发行数字货币的重要原因，因为区块链是实现可编程货币，甚至可编程金融的技术根基。智能合约由此变成了区块链上的一段代码，可以维持自我稳定的状态，控制既定账户中的资产并对接收到的外界信息或者资产进行恰当回应。

在区块链系统中，只有合约双方才能动用资金；一旦合约得到确认，合约中涉及的资金就由区块链按照合约条款进行分配，只有当合约到期时才可以重新使用这笔资金。当没有托管机构时，在合约订立期间以及生效之后，合约中任意一方都不能控制或者挪用资金。

目前，有两个著名的开源项目正在开发智能合约，均已取得了较大进展。一个项目是 Codius，另一个项目是 Ethereum。Codius 由瑞波实验室开发，这个实验室曾经创建了被称作“瑞波币”的数字货币。Codius 的目标是与其他密码学货币做交互，如瑞波币和比特币。与 Codius 有所不同，Ethereum 是全新的、有着智能合约内置于支付系统的一种密码学货币。它被一个 20 岁的程序员维塔利克·布特因开发出来，意图取代其他以“比特币”为代表的各种“币”，但不同的是，它看起来更像一个社区项目。

智能合约最典型的例子是数字货币协议（Digital Cash Protocols）。它在实现了网上支付的同时保留了纸币的固有特点，即不可伪造性、私密性以及可分性。然而智能合约的应用范围远远不止数字货币，该协议还能够被实施到品种繁多的无记名电子有价证券当中，被称为智能证券。

智能证券是智能合约在金融业的应用之一。现如今，智能证券的典型存在形式是一种机构和投资者利用区块链发行、管理并交易各种金融工具的自我实施和自我执行的合同。以智能债券为例，当某项交易条件被满足时，债券交易双方按照事先约定的证券成交价格和成交数量完成交易。这样的合约被变为代码写入区块链中，一旦条件被触发，区块链系统会自动启动智能合约的付款代码，所涉及的证券等有价资产将被自动按照合约进行交易，并实时完成清算交割。智能证券交易避免了传统金融交易的手动过程，有效简化了发行者的违约行为，更加节省时间和成本。更重要的是，智能证券的设计使得证券交易双方不再依赖第三方信用中介。

智能证券的概念并不局限于单一的证券交易，它也可以应用于证券化的合成型资产（Synthetic Assets）领域。这些新型的证券由资产证券（如债券）与衍生证券（如期权与期货）以多种方式相互混合而成。通过对这些证券复杂的利率期限结构进行计算机分析，可以对异常复杂的付款期限结构（比如付款时机、利率等）建立标准化的合约并以较低的成本进行交易。

合成型资产允许对不同顾客所需求的各种期限结构进行套利，也允许通过模仿其他合约进行合约设计，避免承担某些责任。在后者的例子中，合成型资产在被构造时模仿了德国公司股票的收益率，因此境外投资者在德国股票市场上的资本收益不必再支付给德国政府用以缴纳税款。值得注意的是，这些合成型资产本身没有普通证券那样的投票权，但可通过添加智能合约协议获取。为了应对来自第三方管辖权的攻击，这些协议必须非常安全，因为这些第三方管辖的交易成本（税收）被合成型资产套利掉了。

然而，智能证券并非万能。虽然这种自动化交易在技术上具有可行性，但资金的利用也因此受到了限制。如果用于支付债券的资金由智能合约控制，则付款能得到有效保障，债券发行方不能肆意将这些资金挪为他用。如果这些资金不在智能合约的控制之下，就没有办法保证付款到位。

从投资者的角度来看，有吸引力的回报率是投资者购买债券的最大目的，但债券买卖活动存在一定的违约风险。而对于发行人来说，债券的目的是将筹集到的资金用于生产，生产活动也存在风险，例如建立新厂房、生产销售产品。所以债券发行人在募集到资金的同时并不能保证投资者百分之百得到偿还，智能合约并不能解决风险与回报的关系。

3.5.2 智能合约与“令牌”系统

分布式总账能提供一套建立在加密验证数据上的分中心化共识。然而就其本身，这样的分类账无法确保在其网络中的节点有来自交易数据的相同的计算状态。确定共享状态的一致性系统其中一部分被称为交易逻辑。正如理查德·甘道·布朗（Richard Gendal Brown）在他的名为《如何解释价值的复制》的文章中解释的那样，从第一原则共享台账，“当智能合同纳入分布式总账，不仅有如所有参与者合作控股这样一致的数据，还有与这些控股数据相一致的合同语言”。

相对原始的共识系统，如比特币和由比特币衍生而来的山寨币，它们的设计主要是为了实现数字货币的价值转移，而其交易逻辑则是实现了一个“令牌系统”。令牌系统是一种将数字资产中的余额从一方转移到另一方的计划。在比特币体系中，这个令牌系统是由一种编程语言和脚本设计搭建的，但这种语言存在两个严重缺陷。

首先，它不是图灵完整的。

其次，它没有“正确”的概念。（所有的合同都是正确的或错误的。）

这些设计决策使得网络上的交易逻辑局限于有限的数字资产的余额记录，以及一些简单的多签名认证。

相比之下，在账簿顶层建立一个可执行图灵完整的语言和保存状态的虚拟机是可能的。事务逻辑可以是任意复杂的，这由图灵完整语言的属性所决定。这样一个虚拟机的存在使得智能合同可以拥有许多创造性的功能——自我执行、自我实施，以及多方协议加密认证。理查德·甘道·布朗再次强调：“世界上金融衍生品的交易对手同意共用代码块代表他们与对方达成了协议，即在他们共享的、复制的账上执行交易。这开启了智能合同有趣的可能性。”

令牌系统只能记录数字令牌中的余额：数量可能与身份相关，但仅此而已。相比之下，一个完整的智能合同系统有能力执行任何软件程序，包括所有的令牌系统。这就打开了直接在分布式分类账上表达金融证券和其他金融工具的可能性，不需要参考中央数据库和所有的缺点。现将两个系统的比较，展示如表 3-1。

表 3-1　智能合约和令牌系统比较分析

智能合约系统	令牌系统
有状态的	无状态的
高可得性及可审核性	低可得性及可审核性
所有数据储存在分布总账中	只有无语义值的元数据被储存在分布式总账中
可能会被用于代表复杂金融工具的逻辑，包括公司行为、支付、投票、优先购买权、限售股等	可能会被用于代表只能完全可代替的资产

2015 年 8 月，区块链工具供应商辛博特（Symbiont）在其比特币区块链上发行了一只自我执行合同的证券，并将这种证券第一次命名为“智能证券”。

Symbiont 的背后团队是嵌入式共识技术方法的先驱。一个嵌入式的共识系统允许额外的数据被记录到一个分布式的分类账上，会在分布式分类账的旁边附加一个额外的协议。

对于每一笔新交易，实现这个额外协议的系统将检测并分析这个数据的有效载荷，然后根据它自己的规则来解释它。因此，这种方法基本上构成了一个“分类账内的分类账”，其中一个分类账嵌入在其他的分类账中的并做独立分析。

Symbiont 利用这种技术建造了它的智能证券平台，这个智能证券平台以嵌入式分类账方式运行，并对分布式分类账实行开箱即用。在实践中，这种技术有着诸多优点。

（1）模块化。嵌入式共识可以理想地达成数据抽象化、模块化和封装化的目标。这可以在更加密集的混合操作中减少潜在的实施和操作风险。这种方法在概念上类似于 TCP / IP（传输控制协议/因特网互联协议）协议套件被组织进多个层级，更高层次的数据以数据包的形式嵌入各自的低水平层次中并在“线”上发送。

（2）数据安全。由于过程相对简单，数据嵌入分布式分类账也有着和其他所有在分布式分类账中的交易相同级别的安全性。这是因为交易的嵌入式数据看起来与底层分布式分类账中的任何其他交易都相似。

（3）灵活性。模块化的逻辑将被写入书面合同，相同的智能平台可以被允许在几乎所有其他的分布式分类账上使用。这带来了巨大的灵活性，也减少了分布式分类技术锁定的风险。由于这种技术的出现，基于该技术的智能证券平台可以在几乎任何分布式总账系统上运行。

（4）简单性。嵌入式共识机制在几乎所有的情况下都远远比同类竞争方法更简单。

总之，嵌入式共识技术方法是将智能逻辑功能嵌入到分布式分类账中的一种灵活的、成熟的、久经考验的工具。

3.5.3 智能证券的优势、特点及重要性

3.5.3.1 智能证券的优势

（1）共享数据：分享、分发总账的记录，在一个封闭或开放系统中安全、迅速地更新数据。

（2）节约成本：自动化解决复杂的金融交易问题（原有的烦琐办公流程在很大程度上造成了金融交易的高成本）。

（3）消除干扰：使金融工具的生命周期完全数字化，并可通过密码验证的。

（4）降低风险：支持电子发行、分配、交易等公司行为，而不必信任和依赖于一个单一的合作伙伴或技术供应商。

（5）增加透明度：所有的仪器状态和历史都可以对被授权的参与者开放查阅。参与者可获得快速规划和运营保证的即时反馈。

（6）成长和适应性：智能证券技术与底层网络相分离，可以运行在几乎任何区块链或分布式总账系统之上。

3.5.3.2 智能证券的特点

（1）可为任意复杂的工具和合同协议建立恰当的模型；

（2）可用人类可读的计算机代码编写金融工具程序；

（3）存储当前的仪器状态和计算机代码来实现公司行动的数据都被存储在一个分布式账本中；

（4）允许手动启动，也可以自动执行条款和条件；

（5）支持在任何交互过程中的加密授权，支持自定义工作流程

3.5.3.3 **智能证券的重要性**

（1）允许对任何金融工具类的复杂的结构、状态和相互作用建模；

（2）支持在一个金融工具的整个生命周期中的应用，无论是发行、初级市场分配还是二级市场交易；

（3）基于严格和强大的访问规则，当前状态的任何仪器都可以与任何数量的市场参与者分享；

（4）仪器状态和用于实现公司行动的计算机代码都以防篡改的形式发布到分布式分类账上，同时可以被所有相关参与方查看。

3.5.4 区块链智能证券应用典型

案例一　智能合约平台 Symbiont 宣布首次发行“智能证券”

Symboint 是一家总部设在纽约的金融技术公司，致力于服务新兴数字货币金融产业。它专注于建立传统金融市场和密码区块技术两者之间的共生关系，可在一个用易于理解的编程语言编写的数字化分布式总账中对复杂的金融工具建模。Symboint 是不受任何单独一方控制的自动执行数字合约的智能合约，且主要存储在全球共享数据库的区块链中。

2014 年 3 月，比特币 2.0 项目合约方创始人跟 Mathmoneyf（x）创始人合作共同创建 Symboint。

2015 年 6 月 10 日，Symboint 获得 125 万美元种子轮融资。

2015 年 8 月，Symbiont 首席执行官马克·史密斯（Mark Smith）

表示，Symbiont 计划专注于私募股权市场。他解释说，许多创业公司都在避开股票公开发行，而金融的未来可能会是健壮的私募证券市场。

“你看例如优步（Uber）这样的公司，已经完成了 K 轮或者 N 轮融资，上市的诱惑力对它们而言，已经没有过去那么强烈，” Smith 指出，“其实是可以转移到其他的证券上的，比如我们可以证明，你在比特币区块链上发行了债券，然后你就可以在一个可管理的总账系统上进行了。”

此外，史密斯还看到了企业债券市场的潜力。他表示，在银团贷款市场上，区块链技术将是有未来的，贷款方可以组团提供资金给借款方，从而分散违约的风险。

Symbiont 首席技术官亚当·科瑞伦斯坦（Adam Krellenstein）也解释说：“我们有了一个智能证券系统，它建立在比特币之上，它会对执行数据以及交易中的公布数据进行编码，然后发布到区块链上，因此，所有的数据都在比特币区块链上。”

2016 年 1 月，Symboint 再次获得 700 万美元 A 轮融资，公司市值达到 7000 万美元。为了更安全地执行交易和智能合约，区块链创业公司 Symbiont 宣布与数字安全巨头金雅拓（Gemalto）达成合作协议。Symbiont 凭借 Gemalto 市场领先的 HSM 安全模块确保其智能合约区块链上的身份和交易的安全，并以此防止盗窃、伪造文件等违法行为。同时，通过“安全地管理、处理和存储”密钥为 Symbiont 平台提供保护。

2016 年 8 月，Symbiont 发布了其在比特币区块链上的安全认证，并定义了条款、条件以及有关金融的一些业务逻辑。Symbiont 允许机构和投资者发行、管理并在区块链上交易各种金融工具，这些 Symbiont 称为“智能证券”的工具是自我实施和自我执行的合同，消除了传统金融交易的手动过程，更加节省时间和成本。

此后不久 Symbiont 首次宣布在比特币区块链上发行“智能证券”。

案例二 Overstock 称将公开发行区块链证券

使用区块链发行证券可能会改变全球资产发行的格局。Overstock 是全球最早接受比特币的大型零售商，而它也将是在区块链上发行证券的先行者。Overstock 的首席执行官帕特里克·拜恩（Patrick M.）表示区块链技术会颠覆政府运作方式，进一步保证政府能够真正代表广大公民的利益。早在 2015 年，公司就获得了 SEC 在分布式账本上发行数字股票的许可；目前，该公司与世界最大交易代理电脑共享（Computershare）及其子公司——全球最大股市战略信息供应商乔治森有限公司（Georgeson Inc.）合作，为在区块链中发行证券做好准备。

Overstock 主要关注基于区块链技术的互联网金融发展。2015 年 6 月，Overstock 成为第一家使用区块链技术来公开发行私有证券的公司。2015 年 12 月，SEC 批准 Overstock 公司可以在分布式账本上发行数字股票。该公司的首席执行官 Patrick Byrne 一直是比特币的坚定支持者，而 Overstock 早在 2014 年 1 月就宣布可以接受比特币，成为最早接受比特币的大型零售商。

2016 年 3 月，Overstock 宣布将开发公开销售证券，正在做购股权发行。2016 年 4 月，该公司宣布世界最大的交易代理 Comptuershare 已经加入了其智能证券项目。此外，Georgeson Inc. 将会作为 Overstock 公司区块链证券的发售信息代理加入该项目，共同发行区块链证券。该项目正在积极组建中。

第四章

区块链在保险业的开发实践

保险代表着投保人与保险人之间的合同关系。保险双方依据签订的保险合同，投保人向保险人（一般为保险公司）支付保险费用，保险人对保险标的进行承保，并在约定的风险范围内提供保险服务，同时承担相应的保险金赔偿责任。例如，因意外事故造成的财产损失，或被保险人遭遇疾病所产生的医疗费用等，都是保险合同中经常涉及的保障范围。

在经济层面，保险是有效分摊意外事故损失的财务安排；在法律层面，保险是一种契约关系，是保险人同意补偿投保人或被保险人损失的合同安排；在社会层面，保险对社会生产、生活的整体稳定，起到了重要的保障作用；在风险管理层面，保险则是一种风险管理的方式。保险对于个人及社会，都是一种重要的保障机制。对于个人，保险可以帮助其有效规划人生的财务计划；对于经济社会，保险作为市场经济条件下的风险管理手段，已经成为金融体系及社会保障体系的重要组成部分。

在当今透明度极高的社会里，保险应用基于的是客户与保险公司之间的信任链。保险业发展至今，该原则应用于保险消费者，以及保护商业实体和政府机构不受自然灾害或特殊风险的损害。建立这一信任纽带的基础是一种无形的" 支付承诺" 和一种将专业知识、服务质量、资本和保障结合起来的独特方式。这需要披露描述客户可保险利益的准确个人信息，法律框架下双方自愿达成的协议与及时的付款。如果交易链中存在薄弱环节，尤其是因广泛使用科技而导致的薄弱环节，不仅会严重削弱信任，破坏品牌形象，侵蚀信心，还可能导致业务流失，造成股东价值损失。

随着数字化社会的发展，保险的销售渠道也日益多样化，顾客选择保险公司产品时的期望值也越来越高。因此，随着保险行业商业化程度的不断提高，客户对于保险产品及服务的选择，将主要参考保险公司的品牌可信度以及保险公司所披露信息的透明度。根据监管层对保险公司业务流程的完整性、透明度等要求，客户的个人体验将逐渐受到保险公司的重视。保险公司若不积极进行创新，消费者及监管层有可能会向其施压，甚至倒逼保险公司进行技术革新。

从历史来看，保险公司在应用新兴技术方面与银行相比仍然相形见绌。但保险公司也在积极寻求新技术和新策略来创新产品、提高服务质量，通过引入新技术应用留存客户并完善商业模式。区块链技术为互联网创新提供了新的发展方向，未来许多行业内经营主体的商业模式将以区块链技术为基础进行架构，这其中就包括保险行业。中国人民保险公司执行副总裁王和预测：由于区块链技术与保险存在很多的契合点，保险行业可能会成为较早应用区块链技术的领域之一。另外，保监会原副主席魏迎宁于2016年7月11日在清华大学五道口金融学院举行的“创新与发展中的中国保险业”沙龙上指出，如果将来有可能对现存的保险模式进行创新，区块链技术可能是解决信用问题的一个底层技术手段。保险经营机构能够应用区块链技术，将信用记录在公开的网络上，接受全网监督，时间戳的功能会保证所有交易记录不可更改，以此解决信用问题。这样管理成本就大大降低，更可能回归到保险最初的互助本意。因此，区块链作为一种底层的技术通过自证信用帮助互联网实现了向价值互联网的转变，它将成为保险业未来的基础设施建设，支撑保险业的发展变革。

4.1 区块链重塑保险业基础设施

保险将信任作为其核心价值，通过应用区块链等创新技术，将数字货币和商品互联，实现透明、安全的价值转移。保险行业可以通过将其身份管理、数据和流程的所有权和管理权授权给客户，积极寻求新技术和新策略来创新产品、提高服务质量，引入新兴技术应用来留存客户和创新商业模式，可以实现真正意义上的长期战略利益。

基于区块链技术的价值互联网有以下三个主要特征。

（1）多节点参与记账维护，去中心化的大账本。价值互联网基于区块链之上，区块链基于数字货币交易与应用之上，去中心化特征是它的核心特征。区块链衍生于比特币，是哈希密码、时间戳和 P2P 传输创造性组合的产物，其原理是使用全新的加密认证技术和去中心化的记录生成机制，所有参与者共同记录、维护（而不是某一中心记录）一个包含全部记录的大账本。

（2）不可篡改性、可追溯。由于每一笔交易的发生，都需要区块链的认证，然后记入每一个比特币地址的账本里，并有巨大的算力作为支撑，任何人都不能够篡改这本公开、透明的账本，确保了使用者对数据的信任。可追溯是指价值传递过程可追溯，进而可追溯价值传递过程背后对应的实体关系。

（3）可编程性。由于软件本身的开源性，与区块链数据的可应用性，我们可以基于这本公开的账本，做你想做的应用，适合创业公司整合开发系统应用。

保险行业可以应用区块链技术的以上特征，来实现对安全、分布式交易的访问（设有进入分类账的共同访问权限，分类账有审计、跟踪交易记录的功能），为不可否认性、治理、欺诈预防、财务数据和报告提供改善的基础。针对变化发出的准确、及时的通知可帮助改变风险和资本管理以及调整大数据策略。大数据在信息可用性和安全性方面提供基础性信息服务，这些信息服务覆盖客户资产、优先级别、偏好及第三方信息等各个方面。在技术层面，保险公司在整合值得信任的第三方生态系统中发现机遇，以降低其全球性平台的成本，提高客户黏性和市场份额，建立新的价值主张。在市场层面，保险公司通过改善数据获取、第三方控制及加强对与其产品和服务（包括恢复服务和网络保险）相关风险的管理，在公司治理中发现机遇。强化信任是系统性的，这需要多层投资来加速客户信息、支付、移动、数据、分析和自动化，而这一切都由数据链条策略来支撑。考虑到创新的加速、新技术和连接的实现，显而易见的是，通常由保险公司治理的业务流程和活动将需适应新的数字模式。可以明确的是，技术基础架构（标准、通信模式、变更控制、数据保护、治理和支持保险市场的监管）将在更广泛、更脆弱甚至分离的生态系统中，随着时间推移、参与者数量的增加，有效地扩大规模。

将智能合约与区块链技术相结合，能够在很大程度上简化投保和理赔服务的流程，通过机器的程序化运行，可以极大降低人为操作风险，从而将违规的可能性降到最低。区块链中各区块按时间顺序相连的特点，也方便监管层发现违规操作。伴随着区块链技术的快速普及，区块链的应用将扩展至整个保险行业，甚至是整个金融圈。区块链技术的应用将会是未来保险行业的最重要的基础设施之一。

4.2 区块链促进保险市场改革

4.2.1 区块链与新型保险业务

区块链分布在计算机网络中。区块链能够促进不同个体和不同地域之间的交互，进一步打破不同地域甚至全球之间的地理隔阂。区块链技术和相关应用是全球范围的，对于个人使用者来说，所需的仅仅是一台电脑（或一部手机）、可以接入网络的环境以及一张信用卡。区块链可以在空间上扩大产品范围，改变保险行业整体格局。随着区块链的应用，保险的覆盖率可以从空间上进行调整。不同人在不同地点使用相同的区块链，模糊了本地和全球之间的界限。这也积极推动了金融的包容性，使得一些产品由不可用变为可用，一定程度上使用技术手段，推动了互联网保险和互助保险的发展。

4.2.1.1 区块链与互联网保险

互联网保险是保险从业机构通过互联网及移动通讯技术，为客户提供一系列保险服务的新型金融业务模式。互联网保险从业机构在线销售保险产品，同时在线提供售前咨询、售中承保、售后保全及出险理赔等保险服务，并通过第三方机构实现保险相关费用的电子支付。中国保险行业协会发布的数据显示：2016 年上半年，互联网保险市场累计实现保费收入 1431.1 亿元；其中，互联网人身保险保费收入达到 1133.9 亿元，对保险行业保费增长贡献率为 6.7%，成为拉动保费增长的重要力量。

互联网保险的优势体现在以下几个方面。

（1）在营销模式上，相比传统的人为推销，互联网保险加大了客户对于产品的自主选择性。客户可以在线比较各家保险公司的产品，保费报价及保障权益清晰明了，这也使得退保率大大降低。

（2）在线服务效率更高。互联网让投保更简单，信息流通更快，通过产品咨询在线化、理赔服务互联网化、传统纸质保单电子化等方式，极大提高了保险服务效率。

（3）互联网保险也帮助保险公司获益更多。通过互联网可以让保险行业保持高速、健康的发展，能够在提高运营效率的同时，大幅降低相关服务环节的运营成本，从而提高保险公司的整体经营效益。

目前，互联网保险的商业模式主要有以下几种。

（1）官方网站模式：传统大中型保险公司出于展现自身品牌、服务客户及销售产品的需要，纷纷建立自主运营的官方网站。该模式下，需要保险从业机构拥有充足的资金、丰富的产品库及完善的服务体系。

（2）第三方电子商务平台模式：第三方电子商务平台，原则上只为交易双方提供信息服务；这类平台具有运营独立、网络化程度高等特点。该模式下，多数平台主要依靠其流量优势，优先上线理财类保险产品。

（3）兼业代理模式：该模式下，代理机构的主营业务并非保险，其主要依靠自建的客户网络体系来开展保险业务。例如，常见的汽车4S店，其主营业务为汽车销售及后续维修、保养服务，同时也代理保险公司的车险业务；4S店车险业务的开展，主要通过其自建的车主会员俱乐部、车主服务群等在线社交论坛的渠道来完成。

（4）专业代理模式：专业的中介代理除了对资本金、网络系统安全性等多方面提出要求外，还须申请网销保险执照，较网络兼业代理模式更加安全可靠。上千种保险的线上销售和线上理赔需要专业的互联网保险代理、科学的保险产品决策以及完善的内部风控，以此来避免缺乏复杂的风险评估步骤带来的风险。如何进一步跨足评估工作更为复杂的传统险、健康险、分红险、家财险、责任险的销售，如何利用国内电商的发达在保险竞争激烈的环境中保持长期稳定的大客流是专业中介代理模式面临的主要挑战。

（5）专业互联网保险公司模式：该模式下，专业的互联网保险公司，普遍采取纯互联网运营模式，其业务办理主要在线完成，基本不设线下实体门店；其机构组织架构及运营方式，类似于银行业的“直销银行”。

专业互联网保险公司的优势体现在：①在数据的收集、归拢、分析方面有先天优势，使得个性化的保险服务成为可能；②可利用大数据手段分析消费者行为，挖掘新的需求，开发新的保险产品；③引入信用评价机制作为承保标准的参照之一，有效解决道德风险问题。

中国保监会副主席周延礼在2016夏季达沃斯论坛上表示，互联网保险是保险业适应互联网时代的创新。据悉，2015年中国互联网保险签单保费超过2000亿元，从2011年的32亿元到2015年的2234亿元，互联网保险保费规模4年实现近69倍的增长。

与互联网保险高速增长相对应的，则是金融风险的与日俱增。“信用+杠杆+风险”的金融公式，在保险业也同样有效，如何实现保险业的“互联网+”，已经成为业内创新的迫切问题。

目前，互联网保险“场景化”已成为业内普遍认同的发展思路。然而，在互联网生态里无处不在的风险也令人避之不及。因此，有保险业专家提出，区块链技术是去中心化、去第三方的底层架构技术，具有较好的兼容性，可以顺利地将互联网的体系架构和区块链整合起来，形成新的技术体系，以解决互联网保险业务中的成本、风险和隐私等问题。

2016年7月9日，水滴互助、易安保险、火币网、慕尼黑再保险、宜信保险服务、千方集团、新发展资本等机构，在北京发起成立了“区块链保险实验室”，共同探索区块链技术在保险领域的应用前景。实验室的发起机构涵盖了互联网保险公司、保险中介公司、互联网类保险互助平台、再保险公司、比特币交易平台、大数据公司、海外科技创新基金等，从各自不同的角度聚焦于保险行业的区块链应用，成为目前国内参与机构最多、专业度最高的区块链应用研究机构。区块链保险实验室在成立的同时，还向悉尼大学申请了相应的研究课题，力图与欧洲、北美、澳洲的区块链践行者共同进行区块链保险的探索。

当前，保险业对于区块链技术的应用，主要是向两个方向进行探索。第一点是技术融合方向，由于记载于区块链上的数据都经过了加密处理，能有效避免数据泄露、丢失等潜在风险，可以在区块链上存储相关的标的信息、承保信息及理赔信息等，从而最大限度保证数据信息的安全；第二点是合作创新方向，让区块链技术在保险业务场景化的拓展中扮演新的角色，推动产品服务创新。

在区块链技术架构下，所建立的新型信任关系，使交易各方之间不需要进行私下联系，每个人都可以自己控制和追踪自己数据的分布。在当前互联网时代，技术是基础、场景是土壤、金融是催化剂，三方面缺一不可，而且要互相融合，才能共同推进。

4.2.1.2 区块链与互助保险

互助保险（又称相互保险），是指面临同样风险而产生共同保险需求的人自愿组织起来，共同协商制定风险补偿规则，预交风险补偿分摊资金，从而保障每一个参与者的风险损失。这反映出的是参与互助保险的投保人相互之间的一种保障关系。互助保险是指投保人（即股东）不仅享有保障，还享有互助保险公司或者组织的所有权、管理权和监督权。公司的资金及运营所得归全体投保人所有，管理层由全体投保人选举和任免，重大事项由全体投保人共同决策。因此互助保险组织和公司从模式上就决定了它的经营目的是为全体投保人的利益服务，无论是风险保障还是资金管理，自始至终都是为投保人利益服务的。

从保障范围看，互助保险的范围比商业保险更广更灵活。由于商业保险的盈利性要求，所以盈利性较弱、推广难度大、目标客户群体较小的保险产品通常都得不到承保。而互助保险是面临共同风险的同类人群自发组织起来共同应对风险，无论人数多少、保障风险的概率高低，只要大家都认同承保、理赔的标准，就可以运行。

从保费支出来看，互助保险的保费支出要低于商业保险。主要有两个原因。一方面是销售支出减少，互助保险主要是面向同类人群，他们天然具有较强的聚集性和传播性，有利于产品的传播和销售。而商业保险更多需要专门的销售人员面向客户一对一销售，所花费的成本较高。另一方面是资金收益的不同，在同样的资金管理策略下，商业保险公司需要抽取一定的利益，而互助保险将所有的利益都返还给投保人。因此，中间环节的减少使得互助保险的人均保费支出更低。

从资金筹集能力上看，商业保险要强于互助保险，因为它有更多的资金筹集渠道，比如公开发行股票。而互助保险从理论上只能向会员收取更多的会费。所以在过去200年，有不少互助保险公司因为资金问题而转型或者关闭。

从决策效率上看，商业保险也强于互助保险。因为它的重大事项由公司的管理层直接决定，而互助保险需要全体投保人以特定的方式参与，无论是直接参与还是选举代表参与，其过程都必然会更长。

综合来看，互助保险和商业保险各有利弊。前者更有利于投保人的利益最大化，后者更有利于保险公司的生存和发展。目前，互助保险占到了全球保险市场27%的份额，为将近10亿人提供保障。纵观全球互助保险的发展，我们发现历经几百年的变迁，互助保险公司起起落落，最后生存下来的依然不在少数；而其中留下来的无论从资金规模还是产品结构上都堪称业界的巨无霸。例如日本最大的寿险公司“日本生命相互保险株式会社”，历经 100 多年的发展，成为日本最大的寿险公司，每年保费收入接近 400 亿美元，掌管着日本主要的养老金发放，可见这一模式在经营上具有很强的适应性。

随着经济社会的互联网化程度不断加深，无论是互助保险还是商业保险都面临新的挑战和机遇，同时也会诞生更多的新兴公司及商业模式。无论如何变化，两者都各有所长，对于整个社会而言，它们和社会保障、企业的自保险体系一道构成完整的保障体系，互为补充，缺一不可。

点对点互助保险平台将分流保险业务。区块链点对点的特性非常适合互助平台的开展，通过智能合约的设计，当一人出险时，其他人自动向其支付赔付款项。同时，区块链的共享透明特点降低了信息不对称，从而降低了逆向选择风险，历史可追踪的特点也有利于减少道德风险，这都将降低互助保险的管理费用和难度。在该模式架构下，保险公司不再是风险的直接承担者，其职能将主要体现在：提供专业的保险咨询服务、管理保费互惠池等方面。

区块链将以互助保险应用模式颠覆今天的保险行业。互助保险的逻辑出发点很简单，保险本身就是一个互助行为，因此一旦技术允许，投保人并不需要一个中介充当组织者，建立资金池，将投保人的保费去做各种投资。投保人完全可以通过点对点互助的形式，在没有资金池的情况下，通过互助来达到保险的目的。2016 年 5 月，基于区块链技术创立的“水滴互助”，获得了 IDG、腾讯、真格等机构的 5000 万风险投资。

未来，人们对于风险的认识及理解，将随着科技的发展及应用而改变，这其中就包括区块链技术。目前，保险行业的业务模式，主要是依托于有着强大资金后盾的中心化组织（通常为保险公司），与投保人签订保险合同。区块链技术的应用在一定程度上将改变保险公司与投保人之间的关系，即保险双方由简单的合同关系向互惠型关系转化；而保险双方的关系能够转化到何种程度，则更多取决于区块链技术可以成功应用的规模以及市场参与者的热情。借鉴于分享经济的发展历程，比如 Uber（优步）、Airbnb（空中食宿），来思考区块链技术在保险行业的应用。例如，在以区块链技术为建构的互助保险体系下，保险公司将不再是风险的直接承担者，而是作为保险专业咨询顾问及保费互惠池管理者而存在。通过区块链技术，使保险公司与投保人能够在互信、互助的基础上，最终实现双方利益的共赢。

在荷兰金融咨询机构 AXVECO 的区块链专家奥利维·瑞肯（Olivier Rikken）的一篇文章中，对基于区块链技术的 P2P 保险商业模式有过更有趣的模式设计。在 Olivier 设计的新模式下，保险公司的专业能力将更多体现在匹配供需、风险计算方面，而不像今天的保险公司如此注重资产管理能力。

在 P2P 保险下，保险公司将提供一个保险交易市场，用户可以在市场内提出自己的保险需求，无论是标准化的还是非标的，保险公司随后通过自己掌握的历史数据给这个保险需求计算出一个参考保费和响应的承保方的预期收益率。随后，想要提供承保服务的用户就可以竞标这份保单，既可以一对一，也可以一对多。在这种 P2P 保险模式下，用于资金端的来源是投资人用户，保险公司可以轻资本运营，甚至这个交易平台可以是外包由第三方运行的。另外，P2P 保险由于没有保费资金池，可能在监管上和 P2P 借贷不需要金融机构牌照一样不需要保险牌照，减轻了合规成本。

除了初创公司，业务涉及寿险、金融服务等众多领域的老牌金融集团约翰·汉考克（John Hancock），也开始探索区块链技术在其集团业务中的应用方向，现阶段，其正在验证区块链技术对于整体保险业务流程重塑的可能性。约翰·汉考克正在进行的概念验证项目的合作方是区块链技术公司 ConsenSys 和 BlockApps，项目方向包括“了解你的客户”和“员工奖励计划”等。同时，中国的阳光保险也已经把自己的阳光积分搬到了区块链上，推出了“数贝荷包”。尽管还没有触及保险公司的核心业务，但保险公司也定不会止步于此。

网络互助保险借助于互联网的高效信息撮合能力、便捷的支付服务，以及较低的加入门槛，具备在短时间内聚集大量会员的能力；网络互助保险比传统保险方案的费用可以降低 50% ~80%；网络互助保险的参与度高，所提供的价值很容易被用户接受；网络互助保险的保障灵活，产品灵活多样，可推出针对各种人群的互助产品。目前网络互助保险的问题主要是运作不透明，可能存在平台虚构互助事件套取用户资金等问题，另外，网络互助对用户隐私的保护会受到质疑，因为网络互助平台一般载体为科技公司，缺乏监管和公信背书，因此容易遭到质疑。此外，网络互助保险还存在效率低下、赔付流程缓慢的问题。

区块链技术的出现为这些问题提供了解决方案，基于区块链平台开发的网络互助应用，能够最大程度地保证资金、协议、信息安全，提高风险控制能力。区块链上的资金流向透明，所有资金流向明细都在区块链上记录，数据不可伪造和篡改确保了数据的真实有效，所有监管单位、公众媒体、普通用户都随时可以查看和监督。在区块链上，交易规则的执行自动高效，所有的资金划转按照公开的、不可篡改的智能合约执行，一旦确定就能够精确无误的执行，任何人不能干预，无法人为地挪用，提升了规则执行效率。区块链可以保障用户信息安全，所有的个人敏感信息都高度加密存储，除非用户授权，其他人无法查阅和窃取。区块链上的网络互助不依赖于某一个中心服务器是否在线，可以保证提供的服务永不宕机，提供

24 小时的服务。

现阶段，多数传统保险公司对于区块链技术在保险业务的应用，普遍持观望态度，少数机构在小范围内进行探索试验。相比之下，互助保险平台对于区块链技术的应用，更具实践性。例如，国内首家应用区块链技术的互助保障平台“众托帮”，其首款保障计划“众托 1 号抗癌互助医疗计划”，上线仅 1 个月，缴费人数就迅速达到了 40 万。

本质上，区块链是一个分布式共享账本，互助保障计划的参与者可以通过这个账本，清晰地了解到所有参与者的缴费情况、具体的加入时间及保费的使用明细等相关数据信息。记录于区块链上的数据，不会被任何人篡改，且所有的数据都可以追根溯源，能够在很大程度上帮助互助保障平台，避免各种潜在的信用风险。业内专家表示，新兴的区块链技术，为解决一直困扰保险行业的信任缺失问题，提供了新的思考方向。

目前，国内的互助保障平台，普遍面临着严格的监管。互助保障计划引入区块链技术，是为了确保互助保障计划在公开、透明、合规的条件下顺利运行，绝不是为了逃避监管而生搬硬套的借口，这一点应引起各参与方的共同重视。

本质上，互助保障计划是保险的最初始的形态。在互联网没有出现的时代，受地理位置的限制，互助保障仅限于同一生活圈之内的相互熟知的邻居（类似于社区互助会），或者是有着共同风险保障需求的同业者之间（例如，为了共同分担海上货运的风险，同船的商人共同出资，组成海上货运保障计划）。随着互联网时代的到来，人们逐渐突破地理位置的限制，只要可以接入互联网，人们就可以随时随地进行信息交流，这对于互助保障计划在更大范围内的推广，是一个利好，也蕴含了相应的风险。通过实践经验的总结，传统的互联网技术，能够保证信息的传输速度，但无法辨别信息的真伪，由于在互联网上传播虚假信息的成本极低，受到相应法律制裁的概率很低，这就造成了互联网上充斥着大量虚假无用的信息。因此，通过互联网加入互助保障计划的参与者，无法确认相互之间的真实信息，这对于主要以信任为根基才能良性运行的互助保障计划来说，风险是非常大的。

通过将区块链技术引入互助保障计划，可以有效改善上述信任缺失的状况。在线运营的互助保障计划，参与者之间无法确认彼此登记录入的信息是否真实可信，同时也无法确保运营平台对于相关信息的验证是否可信，从而导致了参与者之间的信任感普遍不高。引入区块链技术后，由于录入的信息都是不可篡改的，一旦出现故意录入虚假信息的情况，该信息会被区块链永久保存，所有参与者都可以看到，而虚假信息的提供者会被全网通报，从此不会再有互助保障计划接纳其入会，通过这种形式，能够在很大程度上保障信息的真实性。

当互助保障计划的参与者出险时，能够获得多大程度的经济保障，主要取决于加入该计划的参与者数量，以及计划中参与者的实际出险比例。如果参与者人数规模较小，或者该计划中参与者的实际出险比例较高，出险的参与者有可能不会获得较高的经济补偿金额。这对于互助保障计划的参与者来说，是一个潜在的风险，很难通过单纯的技术手段来解决。造成上述风险的根本原因，主要在于互助保障计划并不是真正的保险产品，商业化的保险产品通常由保险公司设计并发售，相应的产品费率、理赔条款及出险后的经济补偿计算方式，都是通过保险合同的形式确认下来，同时保监会对于保险公司的运营状况及偿付率都有硬性监管指标，这些是现阶段互助保障平台所欠缺的。

对于互助保障计划的未来发展，如果能进行更精确的市场细分，同时在获得授权的前提下，将区块链架构下的互助保障计划接入权威医疗机构的数据库，以获得参与者的实际健康状况等信息数据，推出条款更加细化的互助保障计划，就可以在很大程度上确保互助保障计划的参与者数量达到相应的规模，从而保障出险的参与者能够获得较高的经济补偿。

未来，互助保障计划在统一的监管体系之下，将会有更多的专业化保险公司也将逐步涉及此类业务。通过专业保险机构的参与，利用成熟的风控模型，能够更加科学地进行风险定价，同时借助于商业化保险公司强大的资金实力，也能够最大限度确保互助保障计划的参与者，在未来出险之后能够获得合适的经济补偿，保障参与者的实际权益。

2015 年 1 月，保监会出台了《相互保险组织监管试行办法》，使得发展点对点模式的新型互联网保险模式成为可能。监管政策正式放开之后，已有不少机构向监管层申请牌照。2016 年 6 月 22 日，保监会批准了信美人寿相互保险社、众惠财产相互保险社和汇友建工财产相互保险社筹建。

未来，获得监管牌照的专业相互保险社，可能会广泛应用区块链技术，在该技术架构下推出相应的互助保险计划。首先，可以在满足监管层的监管需求；其次能够以较低的成本获取参与者真实的承保信息，在保证高效运营的同时，大幅降低运营成本，保证机构整体的经济效益；最终，将保险的互助保障功能发挥到最大的程度。

4.2.2 区块链与保险服务

4.2.2.1 提高客户的参与度

区块链应用于客户征信与反欺诈，可以降低法律合规成本，防止金融犯罪。金融机构的客户征信及法律合规的成本不断增加。过去几年各国商业金融机构为了满足日趋严格的监管要求，不断投入资源，加强信用审核及客户征信，以提升反欺诈、反洗钱，抵御复杂金融衍生品过度交易引发的系统性风险的工作成效。2014 年，瑞银集团为了应对新的监管要求，增加了约10亿美元的支出；而汇丰集团在2013～2015年，法律合规部门的员工人数从2000多人增至7000多人。为提高交易的安全性及符合法规要求，金融机构投入了相当的金钱与人力，已经成为极大的成本负担。

将客户信息、交易记录等相关信息，在区块链上进行存储，能够有效帮助金融机构及时识别异常交易，同时有效地进行反欺诈。区块链的技术也可以在很大程度上重塑当下的征信体系。金融机构进行客户识别时，可以将有长期不良纪录的客户数据上传至区块链中进行存储。在确保所有操作合法、合规的基础上，将相关信息实时更新、上传，并保证信息的自动化加密，就可以大幅提高金融机构的运营效率，避免许多重复工作。金融机构通过分析、监测区块链上异常交易数据信息，能够及时发现并避免欺诈行为的发生。

区块链将账户及支付信息存储于区块链数据库可以帮助实现账户数据的标准化，从而改善数据质量并减少被错划为“可疑”交易的数量。防篡改记录还可能使了解客户及证明反洗钱监管合规情况的过程更为顺畅，提升反洗钱和KYC的合规监管效率。

区块链可以帮助我们管理“数字身份证”（Digital ID）、个人身份认证和历史信息。使用区块链管理个人身份将有效地填补数字身份验证的技术空白。假设你有一个便携的、安全的、全球可用的个人数据存储在区块链里面，任何时候都可与可信第三方分享健康记录或者驾驶记录。你可以将健康记录提交给一位新医生或者得到一个人寿保险报价，或者可以将驾驶记录提交到一个机场柜台，从而获得汽车租赁安全折扣。你的个人数据存储记录也许包含你的生物特征数据，这样你就可以在任何时候证明自己的身份。

在保险业的应用领域，KYC身份认证对于保险行业的重要性不言而喻。人寿保险与金融服务巨头公司约翰·汉考克正在进行一个KYC试验，该试验项目运行于汉考克公司的法律部门，旨在简化公司的后台操作。在保险风险记录方面，区块链初创公司 Everledger 和安联法国分公司（Allianz France）合作开发风险记录项目。Everledger 协助保险公司降低核心风险，提供一个值得信赖的记录系统。伦敦再保险公司作为传统保险行业尝试应用区块链技术的代表企业，使用区块链技术发布索赔记录系统，对索赔信息进行永久的记录，保险公司以及再保险公司在此平台上可以准确地平分费用。

4.2.2.2 **提高行业效率**

区块链技术可以通过程序化设置给保险行业带来更快的速度和更短的结算周期，从而提升整个行业的效率。

保险的运作本质，就是将投保人的资金放在一起组成一个资金池，一旦有投保人出险，资金池会将部分资金按约定给予该投保人。该运作模式可以通过区块链技术的编程来实现，这样的好处就是可以极大地减少保险所需要的成本。保险的成本非常高，主要产生在销售环节和保险公司的日常支出方面。只要能确认区块链技术不能作弊，就可以在保险业极大降低公信力成本，这样可以大大提升保险行业的效益。

目前，保险行业的结算审核周期为 2 ~ 3 天，区块链技术的运用能够大幅缩减结算审核周期，在降低结算风险的同时，还可以大幅降低资金成本和系统性风险。区块链交易确认和结算为同时进行，节点交易接收到系统确认后自动写入分布式账本，并同时更新其他所有节点对应的分布式账本，自动化的运作机制可以大幅缩短结算所用周期。保险公司在优抚安置、核保理赔和合规等方面，都可以基于区块链技术来提升效率。

优抚安置，促进保险合同的安排和管理包括所有相关文件，首先是顾客的保险申请，经纪人列举风险，承保人接受风险，然后是应对合同有效期期间的所有变化和事宜。运用区块链在经纪人、担保人、投保人和再保人之间去分析、存储和共享资料，可以减少失误，通过消除数据和核对账目的重复录入来控制时间和成本，保证一致性，并对正确信息提供即时访问。普华永道（PwC）还在此次研究中建立了一个区块链概念验证来展示其工作原理。

利用区块链技术也能提升核保理赔效率。随着区块链技术的发展，未来关于个人的健康状况、发生事故记录等信息可能会上传至区块链中，这样在投保时，保险公司将可获得其真实的风险情况，从而减少了核保成本和提高了核保效率。当出现风险，如车祸时，交警能将真实车祸情况记录到区块链中，而保险公司则可通过智能合约直接支付赔款至被保险人的钱包。目前，英国的区块链初创公司 Edgelogic 正在与英国英杰华保险公司（Aviva）就对珍贵宝石提供保险进行合作探索。

合规任务，为客户和企业减少一些麻烦，如确认自身身份、反洗钱和制裁过程。区块链记录了客户的识别文档证明和验证证据，它会提供一个单点检查，并大大减少当前我们在一个交易上进行多重校验的时间。目前，一份保险合同中所涉及的所有经纪人和承保人都是各自独立进行所有这些校验工作，因此在安抚过程中造成了大量的重复工作和延迟。消除这些重复工作将会减少成本，并加速保险合同的安抚过程，为顾客提供更优更便利的服务。同时，失误的风险和由此产生的负面声誉影响也会大大降低。这样才有可能引进对时间要求严格的保险交易。

应用区块链技术的保险产品，根据地理位置和时间来调整其覆盖范围和定价。区块链可以让人们跨越空间来交换和转移价值，也可以在同一时间配合各地点的不同个体达成其具体需求。通过这种与空间形成的双重关系，保险公司可以扩大产品跨地范围，使保险产品能调整其覆盖范围和定价。还可以结合区块链和“大数据”技术来解决某些管理问题，例如，远距离管理内部连接的设备等。

定价模式可能发生改变。区块链技术自诞生起就没有区域的概念，是全球共享的。目前，许多保险公司在定价时趋向于将不同区域的人进行差异化定价。随着区块链的发展，区域就变得不重要。可以根据风险的实际分布，满足特定人群的要求，同时还可以进行更多个性化定价。

例如，区块链保险的优势是合理定价、节约成本。此前航空意外险大多通过航空公司等渠道商进行售卖，原本成本只有几元的航空意外险卡单经过渠道商的“加价”，抵达消费者手里就要几十元。而阳光保险的航空意外险卡单被放到布比区块链上，没有中间商的“差价”，卡单价格相比会有所回落。

保险公司想要成功实施区块链技术有三个关键要素：协作、试验和实验。公司合作实施区块链技术，如果它们的互动变得更有效率，那么它们也将会收获巨大利益。区块链技术利用时间戳服务器记录交易和流转过程，并且将长期存在、不可更改。

关于区块链和时间之间的相互作用在这里值得进一步介绍。①区块链技术能够扩大时间的影响范围，增加更多的可能性。比如，将合同的时间进行分段，允许多种产品相互组合。分布式应用程序和它们所提供的自我管理的功能可能会转化为对保险业务和政策的实时调整。区块链技术开辟了具备时间弹性的多样化的保险产品，比如短期保险或者特定时间的保险。可见，区块链技术可以缩短时间周期，并在保险产品的跨时间性上有重要作用。②只要区块链存在，交易记录就会一直保存。记录不能随着时间的推移而被改变。例如，记录在区块链的与资产有关的信息不能被改变，即便资产可能被转移至另一个用户，但过去存在的信息并不会被抹除。

4.2.3 区块链与新兴市场开拓

物联网无疑是互联网技术的下一个风口，近年来物联网领域的迅猛发展反映了人们对智能服务的需求，我们正在经历智能设备互联的发展时期，物联网的快速发展对于智能设备的管理和运营水平提出了更高的要求。传统的中心式计算模式，例如云计算，在安全性、隐私保护、融通性等物联网重要属性方面可能并非最佳选择。目前智能设备之间的连接和计算基本上基于对数据处理过程的信任（第三方数据中心），而随着智能设备数量呈现指数性增加，摆脱这种信任所带来的不确定性是必然趋势。区块链对于物联网的最大意义在于在海量的智能设备之间建立了低成本的互联直接通道，同时用通过去中心化的公司机制提高了系统的安全性和私密性。同时基于区块链技术的智能合约技术又将智能设备变成了可以自我维护和调节的独立个体，这些个体可以在实现规定或植入的合约基础上执行类似和其他设备交换信息或者核实身份等功能。

现阶段，物联网的广泛应用仍存在较多问题，主要为海量联网设备给物联网信息处理中心带来极大的负荷，同时通信的可靠性较差，物联网设备一旦和中心通信出现故障则可能造成灾难性的后果（如无人驾驶汽车和信息中心交互出现故障）。区块链技术有助于物联网设备间去中心化的通信和去中心化的信任的建立，从而形成去中心化的自制系统，极大程度地提高了物联网的稳定性和可靠性。同时，区块链的智能合约属性也能使物联网设备之间达到去中心化价值交换，将物联网设备之间的联系推进到新的层级，如无人驾驶的新能源汽车通过充电桩购买电能。因此，基于区块链技术的安全服务公司也应运而生，Guardtime 公司创建了无钥签名基础设施设置（Keyless Signature Infrastructure，KSI）。该系统可以内嵌在工业级区块链中，对系统内任意数据或者全部数据进行签名，并且就历史上任一时间、地点和真实进行独立验证。

“区块链 + 人工智能”是下一个发展方向。金融机构利用区块链技术建立链状平台后，可以将人工智能应用到此平台中。具体来说，人工智能可以代替人完成部分决策行为，加深区块链的自动化和智能化程度，从而加快金融机构的工作效率。以商业银行为例，银行建立区块链平台后，可以应用人工智能处理客户的各种需求。当客户提出贷款申请时，区块链平台会自动向人工智能系统提供客户的实时数据，人工智能系统再迅速做出审批。整个过程简单快速，不涉及人为因素，可以在很大程度上节约人工成本和降低操作风险。

与此同时，“区块链 + 大数据”将有广泛的应用。区块链网络中将存储海量的数据，设想将大数据技术引入区块链中，各个节点就能在得到数据的同时对数据进行实时处理，一方面在数据存储上从源头上提高了数据质量，另一方面能加快整体交易速度。此外，在金融机构的风险控制过程中，“区块链 + 大数据”将提高大数据风控的有效性，在提升数据质量的同时加快风险被识别出的速度，还能预防数据泄露等安全事故的发生。

根据在以上这些新兴领域的应用，未来基于区块链技术的保险产品和服务会根据智能合约以及大数据采集结果，自动化实现整体的保险投保流程和理赔程序，完成现有保险领域所未完成的部分。随着研发和应用的推广，未来区块链的应用将迎来一个新的格局。

4.3 区块链保险应用场景

4.3.1 投保人信息管理

在保险行业，精简的数字认证和良好的个人数据管理可以在保险公司与个人之间建立更直接、更有效的关系。如果一个人拥有一个便携、安全且全球通用的储存个人信息的区块链，就可以随时随地把自己的健康记录和驾驶记录分享给他所信任的第三方。此外，区块链技术可增进交往主体之间的信任。大众把自己的数字身份证给第三方认证人，第三方可以通过区块链进行验证。而他的“生物识别数据”，例如指纹、DNA（脱氧核糖核酸）信息等也存储于他的区块链个人数据中，以此来证明他的身份。在美国，已经有公司提供在区块链的基础上销售数字身份证的服务。例如：医生可以把客户的健康记录交给新接手的医生，使得新医生可以快速了解病患的身体状况；投保人可以通过提交身体数据给保险公司的方式快速获得人寿保险的报价；或者销售者可以在机场柜台用他的驾驶记录换得他租赁汽车时所购保险的折扣价。

区块链可以改变人类以往管理自己个人信息的方式。一方面，使用区块链，人们可以拥有自己的个人数据存储和管理平台；另一方面，可以形成一个第三方访问自己个人信息的权限框架，而不再需要一个信任的第三方来集中储存或管理他们的个人信息。在保险领域使用区块链技术，将大大降低身份认证欺诈和索赔欺诈的概率，从而增加人们对保险产品的信任度。

案例：美国 Windhover 公司应用区块链技术来管理数据库

Windhover 公司由麻省理工学院媒体实验室（MIT Media Lab）的科学家设立，旨在研究保险领域中的区块链技术应用，该公司提出了数字身份、信任机制和数据管理规则的方案。该方案通过 4 个方面的条款来管理个人信息。①个人应该控制自己的数字身份凭证和个人资料，而不是由社会网络、政府或企业来掌控。构建数字社会，加强创新数字技术，应该以提高隐私管理为首要任务。②加强个人隐私的管理，改善可调节性的法律审计并加强法律的执行力度。③一个有效的自主识别系统，需要加深隐私、信任、安全、治理、问责等保护机制。④用一个包容的、开源的方法构建系统来体现。Windhover 最终的目的在于，个人的身份凭证能够为自己所有，由自己掌控，而并非国家政府机关在控制，并应用于金融机构账户、保险公司、医疗、成绩查询和工作经历等。

例如，美国人身份证是“社会保障卡”，此卡有社会保障号码，并为美国政府、金融机构、证券商、医院等机构共享。如果上述的某个机构泄露了个人信息，这些信息就为全世界所共享，其他人可以轻易地搜索到这些个人信息。这当然违背 Windhover 的上述第 1 方面的条款。为了满足该条款，任何组织只能知道个人的一个“短期”或“部分”的身份证，而无法拥有“永久”或“全部”身份信息。比如医院可以知道健康记录，但不能知道财务记录。但在如今的美国，一家医院可能不仅会通过身份证了解到健康记录，还可能会通过某种方法知道财务记录。因此，我们需要第 2 方面的条款。当有动机不纯者不断尝试进入系统，其安全和保护机制必须不断改进。此时又需要第 3 方面的条款。大多数的安全机制都将通过软件来实现，但是，如果软件是不开源的，人们怎么能信任这样的安全机制？同时，一个开源的软件往往是最好的安全软件，因此，数字身份证软件需要开源来体现第4方面的条款。Windhover公司的区块链解决方案，可以用来管理身份证、存储个人数据、管理个人信息权限、评级信誉、减少索赔欺诈以及增强公信力。如果所有信息存储在区块链中，存储和管理个人身份和信息的第三方就不是那么重要。“永不丢失数据”的概念将从根本上改变社会。

同理，保险公司拥有的被保险人的各种数据，通过区块链技术可以实现数据的安全性，并且将极大地降低保险公司的经营成本。根据美国财政部的统计，至2012年底美国保险公司持有7.3万亿美元的总资产。由于保险公司持有极大的资产，而要管理这些资产付出的成本恐怕也不容小觑。因此，区块链对保险行业的应用，将有着重要的经济意义。

区块链技术在保险中的应用很可能将起步于数字身份系统和个人数据管理。合同化的产品似乎最有可能成为保险的新领域，例如，合作经济的保险产品等。另外区块链也可以做到高效地解决索赔和减少保险欺诈——各方都可以使用区块链验证各方信息（当事人核实保险的真实性，保险公司审核当事人和事件，如车祸、欺诈行为等）。这将极大地提高人们彼此之间的交互信任。索赔管理，包含了索赔过程中所有文件的区块链可以让参与各方立即接触到信息，并对过程进行监控和审查。这将使得顾客、经纪人和承保人可以更加迅速地处理索赔，同时根据情况提供附加信息并快速做出决策以更快解决索赔。运用区块链带来的益处包括：减少延迟，消减成本，法律确定性更强，以及改善客户服务。

目前，第三方身份识别产品的研发已逐渐成熟，并在不同领域得到了实际应用。例如，爱沙尼亚政府已经开始利用第三方身份识别系统，为非本国居民提供身份识别服务。未来，基于智能合约的高智能化产品，将广泛应用于保险领域的新型产品及服务。例如，互助型保险产品，以及数字账户及资产的保险服务。最终，随着实践经验的积累，区块链技术自身稳定性、安全性的增强，以及社会各界对于新技术应用认同感的增加，以区块链技术为架构的新型保险业务模式，将在整个保险行业内大面积推广。

4.3.2 自动理赔和智能合约

伴随区块链技术而得到广泛关注的就是智能合约。智能合约并非源于区块链技术，但两者之间却有着天生的契合点。智能合约利用区块链数据库中可信任的、不可篡改的数据，能够自动化执行预先设定好的规则和条款。总而言之，智能合约是能够自动执行合约条款的计算机程序，并自动完成支付任务。智能合约早就被提出，但是“实现智能合约的一大障碍是现在计算机程序不能自动完成支付任务。应用区块链技术的高可靠性和可编程性，可以实现合约的智能化。智能合约能够与区块链电子货币相交互，从而控制资产和支付，使得智能合约执行成为可能”。智能合约是存储在区块链账本上的一段代码，其能对外界特定的信息做出回应，从而自动实现预先设定的功能。

在区块链系统中，由于非对称加密的引入和自带可编程的属性，使得合约可以实现智能化，即可以设定一些包含条件的合约，当这些条件都成立时，合约自动执行。例如，民政部门对生活困难的 A 先生每月发放一定补助，在其去世时发放一次较大的补助。在现行的运营模式下经常遇到的一个情况是，从 A 先生去世到民政部门更新 A 去世的信息有很长一段间隔，或者家人故意延迟上报从而获得更多补助。应用区块链技术，可以设计一个智能合约，每月发放补助时扫描死亡信息库，如果没有 A 的名单就发放补助，如果A已去世，则发放一次性大额补助给A指定的接收人，并把A调出补助名单。整个过程是自动执行的，省去了传统做法中大量人员的配备，并有着完美的精确性。

一般而言，可编程属性可用于交易对象和交易流程的控制，比如央行在区块链上发行数字货币有望实时监测流通中的货币状态，提取流通关键参数，也可精准控制货币流向；涉及时间或条件生效的合约也可自动执行，比如居民向金融机构抵押住房所有权贷款，在贷款还清的同时，抵押自动取消。

可编程属性降低执行成本和监督成本。一旦交易的初始条件设定清楚，后续事项将在条件成熟时自动执行，减少大量不必要的纠纷。将区块链的智能合约属性应用于物联网，则可以在物联网中实现去中心化的、完全无人工干预的、复杂的价值交换。

以保险为例，如果能确保保险标的、投保人及被保险人的信息（例如，身份信息、就医信息及出险信息等）是真实可信的，那么在部分类标准化保险产品中，实现自动化理赔就成为可能。索赔管理包含了索赔过程中所有文件的区块链可以让参与各方立即接触到信息，并对过程进行监控和审查。这将使得顾客、经纪人和承保人可以更加迅速地处理索赔，同时根据情况提供附加信息并快速做出决策以更快解决索赔。运用区块链带来的益处包括：减少延迟，消减成本，法律确定性更强，以及改善客户服务。另外区块链也将推动保险领域的自动理赔的保险出现。在智能合约运营模式下，当保险标的出现时，只要满足理赔条件，保单条款将自动触发进行理赔，并自动完成理赔款的支付，整个过程无须投保人主动申请理赔，也不需要保险公司对理赔进行比准。

区块链技术的出现可以促进合约自动化的进程。通过使用智能合约来实现效率的提升，并使某些保险产品随着时间的推移实现自我管理。通过区块链的智能合约技术，保险公司可以不用等待投保人申请理赔，就能主动进行赔付。例如，可以发行一种基于区块链智能合约技术的航班延误险。通过调用航空公司/机场的公共接口，智能合约得以判断某次航班是否发生了延误，延误情况的严重度如何，从而自动触发理赔行为，而不需要用户主动干预。延误理赔甚至可以用类似出租车打表的方式完成。看着自己账户余额不停地增加，也许延误航班的常客们就不会再爆发机场延误时常见的“打砸抢”式的情绪表达了。

举例说明，将航班延误险的智能合约嵌入到区块链之中，并接入互联网数据端口，以获取公开的、可信的数据信息。在这一基础上，航班延误一旦发生，即为客观事实，信息将被连接互联网的区块链所记录，同时这些信息无法伪造及篡改。在这种情况下，只要航空延误发生，智能合约就会触发，并自动支付理赔。由于智能合约的自动化运行机制，大幅提高了理赔流程的效率，降低了理赔的时间成本及人工成本，在提高客户满意度的同时，也保证了保险公司的综合运营效益，可谓一举多得。

英国民航局统计数据显示，从2014年5月至2015年5月，整整一年的时间中，因航班延误但没有向保险公司提出索赔的乘客人数约为56万，申请索赔的比例不足四成。如果智能合约能有效实现，上述情况将得到很大改善，投保人的权益也能得到更好地保障。除航空延误险之外，智能合约也同样适用于车险业务。将车险智能合约嵌入到区块链之中，通过物联网技术，将互联网接入标的车辆的行驶系统，实时获取车辆的行驶状况及零部件磨损信息，并存储于区块链之中，一旦车辆发生事故，车辆受损信息触发智能合约，即自动进入理赔环节。在车险智能合约中，保险公司可以指定标的车辆的维修厂，来避免投保人自行选择昂贵的维修厂，从而达到控制理赔费用支出的经营目标。

区块链技术可以基于保险产品的跨时空性来缩短保险时间。例如，保险消费者可以迅速申请并购买人身保险或财产保险，或许是因为某天他必须把车开到一个高犯罪率区，或许某天使用他人的车作为出租车，或许某天使用他人的家庭旅馆，等等。

区块链在保险行业中的应用远不限于上述内容。首先，区块链可以支持保险产品的自动化运作。例如，农作物经常因为天气恶劣而欠收。有鉴于此，农民可以通过一个托管在区块链协议的智能自动化合同获得可信的天气数据。其次，区块链扩大了保险公司管理资产和存储信息的范围，包括建立一些与保险相关的产业等。区块链可以创建通用的数字 ID（身份认证）程序，或者存储遗传和医疗记录的数据。例如，可以把自己的 DNA 安全地记录在区块链上，以待将来有新的保险解决方案来处理使用区块链技术的风险。

SafeShare 是英国伦敦的一家新型保险解决方案提供商，隶属于基石保险经纪有限公司（Cornerstone Insurance Brokers Limited）。SafeShare 专门针对“共享型经济”的新型创业公司，为它们提供基于区块链的实时保险解决方案。比如，Airbnb 的“沙发客”食宿分享型服务和 Uber 的打车服务在世界各地广受欢迎，它们都基于共享型经济，个人以个人身份通过应用程序或平台各取所需。

SafeShare 看到这类企业对于实时保险的需求，据亚历克斯·斯坦因阿尔特（Alex Steinart）介绍，SafeShare 使用的区块链技术是由 Z / Yen 集团利用 MetroGnomo 开源时间戳服务创建的，在为客户提供实时保险产品的同时，保存保险交易的历史。SafeShare 提供的区块链保险解决方案由英国保险巨头劳合社（Lloyd）承保，开通了 24 小时索赔热线。除了提供实时、便捷的保险解决方案，区块链技术也有助于保险公司降低成本。

Vrumi 公司（向创业者出租家里的多余空间）正在与 SafeShare 开展技术合作，添加 SafeShare 的区块链保险服务，为其客户提供实时保险服务，

Vrumi 是一家类似 Airbnb 的创业公司，让人们将多余的房间与那些寻找办公空间的人分享。

普华永道（PwC）发布了新概念证明机制（PoC）的最新细节，成功实现了一揽子保险市场中对创建政策的实时审计流程。在推荐的网络中，节点参与者包括保险人、经济商和监管者。PwC 把 Coin Sciences 开发的多链（Multichain）平台作为 PoC 的基础。报告中已做了详细说明：“保险人可以查看区块链上的政策，提供建议规避某一政策带来的风险，保险人可以控制接受或拒绝这些建议。各参与方之间的沟通和协商都发生在区块链上，当某项政策得到大家全力支持，一个正式化的保险合约就生成了，并且会再次存储在区块链上。”公布的细节中还包括项目设计的图解，展示了经纪商、保险人和监管机构的节点在概念网络上的联系。PwC 透露该测试可以帮助我们了解区块链应用程序如何减少文书工作，简化监管报告结构，同时实现近乎实时的审查跟踪。

2016 年 6 月 23 日，布比（北京）网络技术有限公司（以下简称“布比”）与互助保障创新平台斑马社在北京签署战略合作协议，布比将为斑马社提供区块链技术支持，布比区块链正式落地互助保险领域。现在的网络互助保险，所有的资金全部通过第三方支付渠道直接支付给需要保障金的会员，所有支付记录可以查询。核心算法就是每次需要计算会员在每个月支付的保费。但是这里面还有一个致命的漏洞，一个过去很难填补的漏洞——系统组织者作弊，这不仅制约了用户对平台的信任，阻碍互助保险行业的发展，更是互联网金融监管所面临的难题。区块链可以解决这个难题，区块链技术具有分布式共享记账、不可篡改的特性，整个账本由参与方共同维护，从技术层面上杜绝某一节点包括系统组织者作弊的可能。对整个行业来说，可以迅速地建立起用户对平台和行业的信任，促进行业和平台的发展。同时，区块链技术使交易账本从之前的一个中心变成多个中心（也就是所谓的去中心化），提高了参与方之间信任传递的效率，从而降低运营成本，反映到互助保险的用户身上，最直观的感受就是缴纳的费用会因为成本的降低而减少。

同时，区块链技术在保险领域还能用于自动结算索赔。保险经纪可以根据存储在区块链上的保单创建对应的智能合约，合约上包含具体的支付方式和合约执行的前提条件。当有索赔发生时，保险调查员可以核查索赔，在区块链上记录他们的调查结果。这样整个保险流程就像是一条流水线，可以减少时间和人力资源，同时减少了投保人接收索赔的时间。

区块链技术还能帮助保险行业提高业绩。当今共享经济形势下，涌出了一大批新兴企业，比如说 Airbnb、Uber、Lyft（来福车）等，它们的客户和供应商一直在变。目前还没有推出任何适用于上述企业的保单，因为它们的业务变化很快，很难跟踪、调查。但区块链技术和智能合约不仅能使追踪过程简化，同时也能帮助保险经纪实时有效地出售保单。

保险公司 SafeShare 已经开始用区块链技术为 Vrumi 提供保险服务。SafeShare 还和 Lloyds（劳合社，来自伦敦，全球知名金融机构）签署了保险协议。巧合的是，Vrumi 和 SafeShare 也在伦敦。

区块链技术在保险领域的应用不仅能减少欺诈、实现投保过程自动化，同时还能使保险公司适应不断变化的商业模式，设计出符合客户需求的保单。

目前，在保险经营实践中，保险公司和投保人在理赔环节经常会产生纠纷，一是部分投保人为恶意骗保而捏造虚假的出险信息；二是部分保险公司以各种理由恶意拒赔；三是保险双方对于免责条款的认定发生分歧。而这些问题的关键都在于对投保人的个人信息缺乏真实可信的数据采集和存储手段。而随着诸如医疗信息数字化、个人征信体系等国家系统性工程的推进，越来越多的权威数据源出现，如果能够将这些数据引入并实时同步存储在区块链上，将成为伴随每一个人终身有效的数字身份，由于这些经过认证的数据信息是真实可信的，且无法篡改，将为投保人的风险管理带来很大的便利。

第一，是将不同公司之间的数据打通，相互参考，从而及时发现重复投保、历史理赔等信息，及时发现高风险用户。第二，是将不同行业的数据引入区块链，可以提高核保、核赔的准确性和效率。举一个重疾险的例子，如果能在区块链上查询到投保人所有的就诊记录，甚至直系亲属的就诊记录，对于投保人当前的身体状况、患病史、家族病史就有了一手的资料，可有效地杜绝带病投保。

4.3.3 保险欺诈识别

保险业面临严重的信息不对称风险，投保人和保险公司均有可能欺骗对方。根据保险公司和投保人的道德情况，可以简单地将保险公司分为真保险公司和伪保险公司、将投保人分为真投保人与伪投保人。真保险公司和真投保人的交易是真实的正常交易，不涉及道德风险；在真保险公司与伪投保人的交易中，伪保险人可能隐瞒自己的真实情况，欺骗保险公司以获得暴利；在伪保险公司与真投保人的交易中，伪保险公司可能骗取真投保人的保险资金后卷款逃跑；在伪保险公司与伪投保人的交易中，双方都带着欺骗对方的目的，伪投保人为获得赔付投保，伪保险公司骗取伪保险人的保险资金。以上表明，伪保险公司可以欺骗真实或虚伪的投保人；虚伪的投保人可以攻击真实的保险公司。保险公司或投保人均可以欺骗对方，使对方遭受财产损失，以达到自己获利的目的。

要建立保险行业中的公信力，需要三个主体——政府、大众（投保人）与保险公司——协力完成。

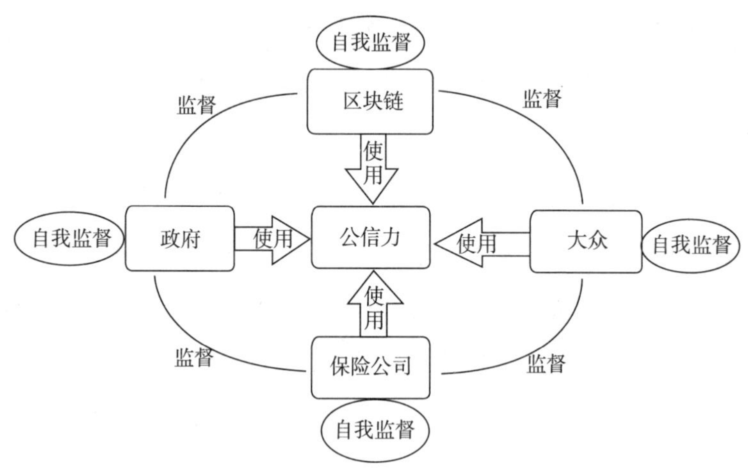

图 4-1　政府、保险公司、大众之间的关系

区块链可以建立一个分布式的公信力平台，以规范投保人和保险公司之间的关系。除了投保人和保险公司的关系之外，区块链还建立了各主体之间的更多的交互关系。政府和保险公司是监管与被监管的关系，政府可以为保险公司制定保险。对保险公司而言，所有保险公司必须在政府提供给它们的区块链上进行注册，一旦保险公司收取了保险金，就必须遵守政府的保险政策，并确保它们有足够的资金来赔偿。这确保政府政策可以被保险公司遵守和执行；同时，政府可以监测保险公司的现状。普通大众与保险公司也存在监督与被监督的关系。大众可以验证在区块链中保险公司注册信息的合法性，并举报任何伪保险公司。例如，保险市场的参与者可以很容易地识别一个真保险公司的假销售代理，或一个伪保险公司的假销售代理，这确保大众可以验证保险公司，伪保险公司就无法存在，同时也为保险公司及其销售代理的真实性提供了保证。保险公司与保险公司之间存在合作的关系。多家保险公司可以联合起来，建立一个闭环生态系统，使得保险公司之间相互监督。这使得众多保险公司可以及时地发现某家公司财务上的问题，并有效向大众披露，这确保了健康的保险产业生态。

在金融领域中，人们通常引入会第三方作为认证人，例如：政府、托管人以及保险公司等。通常第三方提供以下四种服务：①验证所交易物品的存在和合法性；②防止重复交易，即将同一物品进行二次交易，或者“重复支付”；③作为代理人进行交易；④记录交易，特别是有争议的事件的交易。

区块链将取代可信任的第三方，原因主要有：①由于数据无法更改或撤销，区块链可以验证交易物品的存在性和合法性；②区块链可以防止重复交易；③区块链可以记录当事人信息，并且数据无法被更改或消除；④区块链可以记录交易信息，并且数据无法被更改或消除。

区块链技术可以使现代版本的“保赔俱乐部”得以实现。区块链为参与者提供了一个管理和承担预先已确定风险的平台。在此平台上，保险公司的角色可能会从风险处理者变为风险管理顾问。客户将不再依赖于中间商或中介，而是依赖于区块链及其不可更改的特性。

区块链技术将改变保险公司在社会上的角色和功能。例如，通过分布式微型保险解决方案，人们可以获得价格合理、质量相当的保险产品；或者通过扩展保险产品，给之前被排除在外的人群提供足够的身份管理和信息管理功能。随着时间的推移，区块链技术也将进一步扩大保险市场规模。传统保险行业能通过区块链智能合约使某些产品达到自动化。

区块链技术在保险业的应用，可能会始于基于个人数据管理为基础的数字身份识别领域，进而向存储数据、认证历史数据以及智能合约等方面深化。继续发展下去的话，区块链将支持那些以收集、评估和管理数据为生的第三方机构或网站进行更高级的、定制化的保险产品分析，并为它们提供解决方案。

大数据技术的发展，使个人信息及社会的数字化程度越来越高。如果能解决数据的存储、处理及传输等问题，就能够在很大程度上改善保险行业的信息不对称、风险预测等实际状况。大数据时代下，通过算法模型的建立，保险公司将改变原有的风险管理方式，以及保险产品的定价模式。

区块链技术的去中心化、时间戳记账等特点，在保护个人信息隐私的基础上，能够有效解决一直困扰保险行业的，诸如逆选择等道德风险问题，从而为互联网金融创新带来了曙光。伴随区块链技术而得到广泛关注的，就是智能合约。智能合约并非源于区块链技术，但两者之间却有着天生的契合点。智能合约能够解决基于既定规则下，合约自动执行的问题，从而有效降低道德风险。未来，区块链技术可以应用在社会的许多领域，而保险行业将成为率先应用该技术的领域之一。首先，区块链技术可以使已有的互联网从信息网络迈向价值网络。其次，区块链技术能够构建更加完善的信任体系，促使保险业回归其本源，即互助保险模式。第三，记录于区块链之上的公开信息，是经全网认证的、透明的，有效满足了保险双方的知情权和选择权。

目前，区块链技术还处于发展阶段，因此会有多方面的问题，需要各方共同协力解决。第一，区块链还是一个发展中的技术，外因和内涵都在丰富过程中；第二，虽然区块链的结构很丰满，但落地并非易事，要把区块链与其他技术嫁接在一起，各取所长；第三，应当务实推进相关工作。对于保险行业而言，区块链技术的最大应用价值，就在于能够准确记录各种相关数据信息，并且可以保障数据信息的安全性、不可篡改性。由于公有链上的网络互助不依赖于某一中心服务器是否在线，可以保证服务器永不宕机。如果能在保险全行业内，建立以区块链技术为基础的统一通行标准，就可以有效提升风险预测水平。区块链技术能帮助保险公司大幅降低运营成本，同时也能在反欺诈方面提供助力。未来，保险业可以利用区块链技术重塑行业信用，最终回归保险的保障本源。

4.4 区块链应用在保险业面临的挑战

从实践和研发的角度来看，区块链技术在保险行业的应用大部分还在构想和内部测试阶段，距离实务应用层面还有一定的距离。此外，获得监管部门和市场的认可也面临一些困难。

从监管角度来看，区块链去中心化、自我分散管理、集体维护的特点革新了现行的观念、制度、法律约束，同时还淡化了国家、监管的概念，对现行的法律制度安排构成了冲击。尽管如此，就目前来说，整个区块链研究以及实务操作层面仍然缺乏必要的理论准备和制度探讨。即使是现在发展比较成熟的比特币，不同国家持有态度也大相径庭，都在一定程度上阻碍了整体区块链技术的应用和发展。

从投资开发的角度来看，我国过往对区块链技术的投资主要集中在挖矿和硬件、报价等信息咨询业务方面，缺乏有一定深入研究的规模应用项目。目前区块链行业已呈现出向区块链多元化发展的投资趋势，但体量较小且缺乏大型金融机构以及政府的支持。总体来说，区块链技术尚处于早期探索阶段，在实际应用中存在较多不足，我们认为区块链膨胀、记录生成的低效率、项目开发难度大和缺乏统一标准是在现阶段较为突出的问题。

（1）区块链膨胀。区块链的机制使得每一个交易都需要完整地记录下来，随着时间的推移，存储的数据会越来越大。而且，区块链网络中每一个节点都要保存完整的区块链数据库，整个网络中数据存储量巨大，带来极大的成本开支。如比特币交易记录，在 2016 年 1 月的时候已经达到

53GB（千兆字节），若区块扩容将导致更快的膨胀速度，此外海量的存储也可能带来搜索的低效率。

（2）记录生成的低效率。在区块链网络中每一笔交易发生时会通知所有节点，在需要把一段时间的交易记录下来时首先要通过一定的共识机制选择一个记账者，然后把记录的结果发送到每一个节点确认，这样能保证新的区块的可靠性，但也带来了较低的效率。

（3）项目开发难度大。区块链开发还没有成熟的平台，一个新的区块链的应用基本要从头开始搭建，而且区块链应用需要 IT 人员、行业专家协作，使得开发和优化效率低下。

（4）缺乏统一标准。目前，关于区块链的技术优劣还没有达成共识，基本规范还缺乏统一的标准，导致整个应用开发领域较为混乱，增加了开发和应用的难度。

区块链技术发展相对落后。由于目前中国的金融机构对于区块链还处于早期的信息收集、资料整理的阶段，中国金融机构基本不参与区块链技术的研发，对中国区块链初创公司的需求较少，很大程度上限制了它们的发展。万向控股副董事长肖风认为中国的区块链发展落后于欧美国家 1 ~2 年。据不完全统计，中国目前有超过 30 个区块链创业项目，比较成熟项目集中在数字货币交易平台、报价等信息咨询、矿机等领域，与区块链金融相关的深入研究与应用相对缺乏。同时，国内也在近期才开始建立区块链联盟，如“中国区块链研究联盟”（2016 年 1 月 5 日宣布成立，成员包括万向控股、厦门国际金融技术、中国保险资产管理协会、包商银行和营口银行等）。

虽然存在各种大大小小的问题，但我们认为区块链技术会呈现快速进步趋势，一批小范围的应用有望在近两年推出，五年内某些项目达到商业推广阶段。在此过程中，共识机制和算法的创新将带来效率的突破式提升；去中心化理念和中心化的平衡有助于记账效率的提升和应用的快速落地；平台化、云计算化降低开发成本、带来更快的开发速度，技术瓶颈将逐步突破。而在政府态度方面，也有望迎来持续改善的监管环境，促进区块链技术的落地。

4.5 区块链在保险业的应用前景

监管层、金融机构、实体企业对区块链兴趣高涨。央行明确表态将发行数字货币，且很可能基于区块链技术；平安集团、友邦保险相继加入 R3 联盟，招银网络、微众银行是金链盟的发起成员；实体企业亦对区块链技术感兴趣，希望能帮助解决我国信用基础设施薄弱的问题。

保险公司对于区块链的创新应用主要集中在两个领域：一是技术层面的融合。比如，针对区块链数据不容易泄露、丢失等技术特点，部分保险公司正在研究利用区块链数据库对保单信息、客户信息及理赔信息进行存储，避免意外事故发生，确保数据安全。目前来看，互联网企业更注重在技术层面的探索。二是业务层面的合作创新，即让区块链在保险业务场景化拓展过程中扮演新的角色。比如区块链可以引入积分联盟等共享经济理念，推动产品服务创新，争取更大的获利空间。

阳光保险倾向于业务层面的探索，其在区块链领域中的应用一直走在业界前列。2016 年 3 月，阳关保险推出了航空意外险的保险产品，并基于区块链智能合约系统的自动理赔功能，来实现保险理赔的高效率运作。同时，阳光保险在提高了产品质量的同时，也合理定价，实现了与消费者的双赢。此外，采用最新的区块链技术作为底层技术架构，阳光保险公司还推出了“阳光贝”积分，用户在享受普通积分功能的基础上，还可以以“发红包”的形式向朋友转赠积分，也可以与其他公司发行的区块链积分互换。

尽管还没有触及保险公司的核心业务，但保险公司也定不会止步于此，国内各大保险公司都在不同场合表示要继续加大对区块链的研究，同时密切关注国外的研究、应用方向。国内的保险公司也应就目前自身的发展瓶颈，与其他保险公司或区块链创业公司展开合作交流，共同研究制定相应的标准，强化内部研究和技术储备，同时加强与监管部门的沟通，探讨如何在满足监管要求前提下应用区块链技术，取得监管的认可和支持。

第五章

区块链在其他金融业的价值服务

5.1 下一代区块链价值交互平台

比特币从刚刚诞生的乏人问津，到后来的大起大落，在世人又爱又恨的矛盾中运行了一年又一年。从 2013 年的过山车事件之后，业内人士分为了两大派系：一派将比特币奉为正统，另一派则转向了数字加密货币交易以外的领域，就此催生了一大批新的区块链平台。

5.1.1 比特币还是以太坊

比特币虽然已经成功运行多年，但是并不完美，其网络中协议的可拓展性不足，缺少图灵完备性，网络中只有比特币数字加密货币一种符号，脚本语言里也缺失循环语句，不足以构建更高级应用。

以太坊（Ethereum）是在区块链的基础之上搭建的一个平台，以期解决比特币拓展性不足的问题。以太坊还建立了一个内置图灵完备的区块链基础层，从而搭建了一种脚本语言（Ethereum Virtual Machine Code），使客户可以在以太坊平台上建立和发布下一代可拓展的、特性完备的、易于开发的区块链网络。以太坊在比特币区块链网络的基础上，整合并优化了脚本、链上元协议，拓展了竞争币，使得开发者可以创建包括产权、法律合同、金融资产、众筹和投票等在内的任何事物的担保和交易合约。

这些应用以智能合约的形式组成了以太坊的核心。正是数字货币以太币和编程脚本的结合，成为了以太坊的独特之处。

以太币（Ether）是以太坊系统内的一种数字加密货币，类似与比特币。在以太坊的系统中，价值在“账户”之间转移。账户由四个部分组成：随机数、以太币余额、合约代码和账户存储。其中随机数与比特币区块中的随机数类似，用于每笔交易中的计数处理。以太坊账户分为由私钥控制的外部账户和由智能合约控制的合约账户。外部账户被用于消息发送。而合约账户收到消息时会激活内部的智能合约代码，允许读取和写入内部存储。以太币就是用于支付交易的燃料。

以太坊是基于比特币的区块链平台，所以在很大程度上和比特币网络非常相似。然而它们也不尽相同，在区块确认中，算法首先检查上一个区块的有效性，再检查区块的时间戳是否比上一个区块大（比特币中的时间戳不一定比上一区块大），并且时间差在 15 分钟之内。之后检查区块的序号、难度、根（与比特币区块相同）和燃料限额（以太坊特有的概念）的有效性、工作量证明的有效性。最后通过算法确认区块是否有效。在这一确认方法中，一种名为 Patricia（字母数字编码情报检索实用算法）树的结构修改了 Merkle 树的概念，使得区块的增加只需要轻微改变树结构。这种算法使得状态信息被储存在最后一个区块链，所以不需要储存全部的交易历史，相对比特币更加节省存储空间。

以太坊之上可以建立各种应用，其取决于开发者的想象力。而目前的应用主要有以下几类：第一类是金融类，客户用于建立金融资产、衍生品、遗嘱或其他资产的管理和合约制定。第二类是金融相关应用，例如悬赏机制。第三类是完全的非金融应用，例如投票选举。

金融衍生品是一类建立在基础金融资产（货币、债券和股票）之上利用信用和杠杆衍生的金融产品，通常对基础金融资产的价格非常敏感，以基础金融资产的价格为触发条件。金融衍生品有一定的标准型，便于用计算机语言执行，因此是最简单也是最普遍的智能合约应用，该合约只需要知道基础金融资产价格波动，一旦价格达到某一数值触发合约条款，系统将自动执行交易内容。

在认证系统应用中，被传递的信息不再是比特币这种数字加密货币，而是一种数据消息。这个系统是一个名称注册系统，用户将自己的数据信息（通常是信用相关记录）注册在这个系统当中，形成一个分布式数据库。这个数据库可以添加数据但不可以删除或者修改。存在的应用案例包括数字艺术品认证系统、身份认证系统和更先进的征信系统。

我们对云存储比较熟悉，比如 Dropbox（硐堡箱），用户可以上传自己的文件或硬盘备份，Dropbox 提供在线文件存储服务并收取费用。而以太坊的去中心化存储合约允许用户将自己未使用的硬盘或网络空间出租，同时获取少量收益，也是共享经济的一类。去中心化的存储降低了数据存储的成本。

分布式自治系统也许是自比特币诞生后最重要的概念之一，该系统可以通过设置一系列公开公正的规则，形成无人管理并且无人干预的自主运行系统。分布式自治系统的公开公正性通常是通过开源软件来实现的。我们不难发现，比特币就是一个典型的分布式自治系统，并且是第一个成功的全球性分布式自治系统。比特币的所有参与者就好像公司的股东，通过为公司提供服务（挖矿）或者购买股票（比特币）来获得股份，并参与公司运营，通过系统的回报机制和成长获得收益。

分布式自治公司颠覆了人们对于传统公司的理解和想象，这样的公司是高度自治的。分布式自治公司不再需要依赖运营团队和技术人员的维护，而是通过设置公正、公开的管理制度和运营规则，就可以实现无人干预、无人管理的自主运营。公司每一位参与其中的员工就好像比特币中的矿工，通过自发参与，从自身利益角度促进公司发展，同时又保障了公司的顺利运行。这样的自治管理系统使所有员工可以在去信任的环境中高效安全无摩擦地交换数据，人为的干预并不会起任何作用。

在这样分布式自治公司中，每一位员工都是参与者、贡献者，同时又是运营者、管理者，并且来去自由。任何关键人员的流失都不会对分布式自治公司造成重大影响，仍然可以平稳安全的运营。建立在分布式自治运营系统上的人力资源管理不再需要烦琐冗长的入职和离职流程，区块链的共识机制使员工不需要再提供任何证明和证书认证，审核流程也得以缩短。雇员薪酬与奖励系统可以公开、公正地运行，激励员工的同时也保障每位员工能够得到应得的公平奖励。

分布式自治管理使公司的运营风险得以降低。无须维护的自治系统，减少了由于系统维护带来的技术风险、安全风险、信息泄露风险，以及因此带来的公司信誉风险。去中心化的文件存储，使公司不再依赖中心服务器，任何宕机都不再会引起重大交易风险事故，有效减少了操作风险。带有时间戳并公开的交易记录，保护了公司交易和账目不被篡改，保证了公司运营的客观和公正性，减少了违规操作的可能性，大大降低了安全性风险、员工道德风险，以及相应的法律风险。

5.1.2 R3：让区块链成为现实

R3 成立于 2014 年的美国纽约，专注于研究新一代金融服务技术，在区块链和分布式账本技术的开发和探索成果显著。伴随着区块链技术在全球范围内的兴起，R3 也声名鹊起。

R3CEV 联盟是 R3CEV 在加密、支付和投资服务领域的全球协议联盟，是全球金融科技（Fintech）的助推器。其成立于2015年9月15日，成立之初便吸引了包括高盛、摩根大通、巴克莱银行在内的九家国际银行巨头参与。之后的短短三个月内，又有包括北美、欧盟、日本、澳大利亚等区域的共计42个国际银行机构加入，迅速成为区块链行业的焦点。2016年重启第二轮合作之后，日本SBI控股、韩国韩亚金融、巴西伊塔乌投资银行（Itau）、中国平安、丰田金融、巴西布拉德斯科银行、南非联合银行（Absa）七家金融机构加入联盟。至此该组织已有60家国际金融机构成员。毋庸置疑，在区块链技术的快速普及方面，R3成为区块链的倡导者，其围绕区块链的一系列创新举措成效卓著。

R3公司致力于开发区块链和分布式账簿领域的先进技术。公司名称中的CEV指代的是公司在三项垂直业务方面为金融创新者提供的专业化解决方案。

（1）CRYPTO（加密）2.0：专注于全球金融市场中的密码技术与分布式分类账簿协议的智能应用。

（2）EXCHANGES（交易）：R3作为交易创新解决方案提供商，对传统的资产交易模式进行了全新定义。其创立的LiquidityEdge平台是一种新的美国国债市场的电子交易平台，将第一个全公开的关系型交易模式引入市场，以高品质、低成本满足日益变化的客户需求。LiquidityEdge开创了一种对等关系为基础的交易模型，涵盖领域包括信任基础较弱的社区、区域经销商以及专业贸易团体。该平台建立在网络外汇交易的核心技术——Currenex（外汇交易平台）之上，目前已广泛应用于外汇市场。

（3）VENTURES（风险）：对致力于创造新一代金融服务业务的创业公司进行早期投资。

R3的三项垂直业务基于的核心技术是分布式账本技术，也是下一代金融技术的创新方向。分布式账本技术是可加密、可追踪、高度共识和自动审计的账本记录技术，由独立节点验证和维护。

现有的账本记录解决方案依靠独立维护的数据库来注册、跟踪交易。这种方式将人为错误和流动性不足缺陷引入到实质性风险中。在 R3 的交易系统中，经由网络验证的全部交易将在一个台账注册登记。这将允许金融机构更加动态灵活地来跟踪和管理风险，因为交易数据会保留在同一个账簿中。法人和银行审计将从经过加密的交易记录中获得信息。建立一个可被企业安全共享的权威记录系统将改变我们目前的金融体系的经济性，在提高安全性能的同时降低成本。

分布式总账将会惠及整个金融行业生命周期，同时为银行间的相互连接提供一种全新范式，从一定程度上降低集体风险，实现统一分布式账簿储存，实时交易验证，监管者可以通过加密追踪功能进行审计。

在区块链技术探索的历程中，R3 无疑走在了前列，其发布了类区块链的分布式账本应用 Corda，提出了 8 个不同的可进行区块链概念验证试验的领域等，都为塑造未来金融提供了可能。

Corda 是为金融机构量身定制的智能交易系统。包含账户、智能合约、身份认证、交易清算等多项管理功能。其中信息的去中心化由银行成员决定，账本中记录的交易信息只有被认证的部分，并且有专门建立供监管机构使用的节点。这是对区块链技术的一大调整，Corda 与大多数人眼中的区块链有着明显的区别。正如 Corda 项目负责人兼集团首席技术官理查德·甘道·布朗所说：“我们不是在搭建区块链，与该领域其他设计不同，我们的出发点是公司间的单项协议，我们拒绝所有数据拷贝给所有参与者的概念，即使这些数据都加密了”。

R3CEV 目前正在进行至少 8 种不同的概念验证（Proof of Concept，PoCs），主要包括系统互操作性、支付、结算、贸易金融、企业债券、回购、互换和保险。这些概念验证用来提供一系列的服务，把服务写入分布式账本，能够大范围简化金融交易、重构金融基础设施，并使交易监管更加容易。R3CEV 在采用分布式账本解决方案之后，全球金融机构与技术提供商之间展开了紧密合作并有望在近期取得重大进展。先进的技术不仅代表了创新的前沿，而且将大幅改善金融服务行业的运营方式。

5.1.3 超级账本：多行业开放平台

Linux 基金会在 2015 年发起了超级账本（Hyperledger）开源项目，用于推进区块链技术。截至 2016 年 8 月，该项目已经吸引了近一百家企业加入，其中包括荷兰银行、埃森哲（Accenture）、法国空中客车（Airbus）、三星子公司、三一重工集团、能源区块链实验室等众多企业和初创公司。成员企业可以共同搭建一个开放平台，使不同行业用户都可以搭建简化的业务流程。超级账本的区块链应用不仅涉及金融行业，还涵盖制造业、国际贸易、物联网等多种非金融行业，它能够以安全、有效的方式实现数字化资产、结婚证书、智能交易等多类型的交易，并易于追踪和审计。

超级账本的架构包括四类：数字化身份认证、策略服务、智能合约和区块链。身份认证包括识别用户的注册身份和秘钥交易；策略服务用于管理植入协议，例如联盟规则和隐私保护协议等；智能合约服务负责将传统合约移植在区块链网络上，通过安全轻便的计算机语言运行；区块链服务则是通过点对点协议控制流向和连接请求，维护分布式账本。

5.1.3.1 金融资产交易

超级账本将金融资产注册在区块链网络上，实现去中心化的存储，网络上的利益相关者可以自由访问和发起点对点交易。交易过程不需要中心化的层层审核，可以在很短期限内快速解决，并且进行实时结算。交易双方还可以通过设置智能合约进行智能资产创建，并且将资产和交易的相关机密信息进行保密，实现私人财产的保护，并进行智能交易。

5.1.3.2 供应链金融

供应链行业的“去伪存真”之痛，虚假贸易、内幕交易、商业欺诈、设立平台对赌、提单仓单重复质押、篡改数据等不规范的交易行为，本来难以化解，但随着区块链技术的兴起，这些沉疴顽疾终于可以被去除。区块链技术应用于供应链行业，可以建立去中心化、去信任化的数据登记平台和交易系统，有助于减少乱象，便于监管并提高行业声誉。建立区块链供应链框架，需要录入以下几种数据：原材料的来源和生产信息、半成品生产数据、物流仓储信息、成品的后续存储和销售事宜。由于区块链的可追溯性，可以确保供应链中的每一步、商品的每一个部件都可以追溯到出处。

5.1.3.3 物联网

物联网已经随着科技的飞速进步而日益成熟，在未来，万物互联将是必然的趋势。智能设备已经越来越多地出现在我们的周围，例如，家庭网络技术将智能家电、PC、安全系统、照明系统和广域网连接在一起，进行家庭安全警报，自动调控灯光、温度、背景音乐，门禁控制等智能操控功能。随着智能设备的指数级增长态势，物联网生态合作体系中的设备包括了从大型机械设备到微小的传感装置在内的庞大网络，我们可以将任何合同条款编辑为开源代码并通过区块链技术运行，条款的生效和数字资产的转移通过事件的触发自动执行。例如，将电脑控制的装置和数字加密货币连接在一起，付款之后就自动可以使用某项设备。

物联网的应用范围非常广泛，遍及智能家居、国家安防、医疗健康、贸易物流、农业监测、智能交通、智能电网、工业监测、环境保护、智慧城市等众多领域。根据 IDC 的报告我们可以看出，在四年之内，物联网的设备和市场规模都将有巨大突破，规模将分别突破 300 亿台设备和 3 万亿美元。在未来，地球上的几十亿人口和成百上千亿台机器设备可以连接在同一个网络上，区块链技术可以帮助物联网建立一个可不断拓展并且自由进出的网络，同时又通过共识机制和去中心化等特征保障了安全和保护隐私。

超级账本还有一系列灵活的API（应用程序编程接口），清晰地对应每个模块，使每个模块都可以不需要修改代码即插即用，便于各类行业客户使用。

超级账本致力于将区块链技术引入各类主流的市场，推动工业和制造业的创新。

5.1.4 The DAO："DAO"之母

The DAO是一个分布式自治组织，由德国公司Slock. it的团队创建，The DAO也是分布式自治组织中最大的一个，有"DAO之母"的美誉，DAO是分布式自治组织（Decentralized Autonomous Organization）的缩写。The DAO以价值约1.5亿美元的1170万以太币创造了众筹史上的最高记录，后又因350万个以太币被盗事件引起了各界对智能合约的思考。

The DAO是一串智能合约代码，建立在以太坊之上，通过以太坊众筹而得的基金以数字加密货币以太币的形式存在在智能合约代码当中。该项目类似于一个风投基金，但是却没有人能单独动用这些钱，即使是参与众筹的人也不行。该组织没有政府和国家法律的约束，一切运行按照智能合约当中的代码运行。

参与众筹的人按比例获得相应的数字加密货币，代表着拥有确认审查的权利和投票表决权，类似于公司股票，但不同之处在于，数字加密货币持有人同时也需要审核投资项目议案，当然也有权提出议案。审核议案的过程就是投票的过程，投票权则由数字加密货币的比例决定，一旦投资项目通过，合约会运行代码将款项划拨。投资项目如果获得收益，则会按照事先在合约代码中植入的规则回馈给众筹参与人。

The DAO 项目开始于 2016 年 4 月 30 日，开放了一个为期 28 天的融资窗口，然而在项目众筹的同时，不断有声音指出该程序设计中存在着漏洞，应该停止项目众筹。这些声音并没有阻止人们的热情，不断有新的成员参与进来，最后超过了 10000 人，筹得了超过 1.5 亿美元的以太币。

不幸的是，黑客准确地抓住了这一漏洞，于 6 月 17 日发起了针对 The DAO 的多个漏洞的攻击，其中包括之前被多次提及的递归调用问题。黑客攻击了 The DAO 的智能合约代码，转移了约 360 万个以太币到一个 DAO 的子合约中，占项目众筹总额的 1/3。事件发生的当天，以太坊紧急终止了所有交易验证，同时以太币断崖式大跌。

以太坊创始人 Vitalik Buterin 先后提出了软分叉和硬分叉方案。使用软分叉，可以将攻击者地址封闭，拒绝该地址的所有交易。而硬分叉则是将系统回滚，倒回被盗事件发生之前。虽然这些提案听起来都和区块链不可逆和安全的基本特征相违背，但 The DAO 项目的众筹参与者希望能够找回他们的资金。于是在 7 月 15 日，硬分叉的具体方案公布，6 天以后，超过 85% 的算力支持硬分叉成功。

The DAO 完成了分叉，同时也完结了它的生命，然而它的存在仅仅是为了上演一出轰轰烈烈的闹剧吗？The DAO 事件是否证明了区块链并不像宣称的那样安全和不可篡改，智能合约中也可能存在巨大漏洞从而导致难以挽回的问题，所以它也是失败的？

The DAO 项目已经得道成仙，但是它留给区块链界的思考将永远存在。整体上看，区块链仍然是一项非常年轻的技术，在演变的过程中会遇到各种各样的问题，这些问题却也提醒着人们需要如何改进和优化解决方案。也许现在承受1.5亿美元之重的责任与风险为时尚早，但是人类社会进步如此，区块链虚拟世界也一样，因噎废食并不可取。

5.2 区块链：会计审计的未来模式

5.2.1 会计审计的内在风险

会计是一种公司经营活动中不可或缺的经济管理工作，它以客观凭证为主要依据，以法定货币为计算单位，通过系统的方式，对公司资金活动进行全面、连续、综合的核算与审查。会计也为利益相关者提供有参考价值的财务信息，以便利益相关者做出决断和进行监管。会计活动由来已久，商代的甲骨文中就有关于会计事项的记载，发展至今，已经有很多系统严谨的法律和国际准则，推动会计的标准化全球化发展，旨在不断提高全球贸易之间的信息对称和经济效益。

工业革命以来，经济活动快速增长，企业会计的需要更加迫切，同时也更加需要客观性、权威性和公正性，这催生了近代会计中财务报表的独立审计核心理论。独立的专设机关（通常是会计事务所）会根据国家法律和相关会计标准对金融机构、企事业机构的日常财务管理、财务报表和并购重组等重大事项进行审核和检查。审计活动主要查明的内容在于：机构经济活动和财务报表准备标准和国家法律及所认定标准之间是否一致，如果不一致是否说明了合理原因。

审计服务是为了增加利益相关者对企业财务信息的信任而产生的，每年全球耗费大量人力和资源投入审计工作，就是为了确保企业在经营活动中合法合规，财务报表真实公正。审计活动对企业所产生的成本是巨大的。全球四大会计师事务所中的普华永道在2015年的全球审计营业收入为152亿美元，德勤为98亿美元。然而在付出了如此巨大的信任成本之后就真的可以安枕无忧了吗？并没有！在实际操作中，会计审计独立性和客观性仍然面临很多威胁。企业管理人员出于个人经济利益、任职期间的企业效益、投资融资、偷税漏税等动机，有可能对企业财务信息进行粉饰，导致其不能客观反映企业利润、成本、资产和负债等重要信息，误导信息使用者做出不合适的判断。审计的独立性也会受到经济利益、相关关系、自我评价和压力等威胁。例如，审计经理是客户管理人员，或者和管理人员之间存在亲属关系；审计公司和客户存在除了审计、税务和咨询等专业服务以外的直接利益或重大的间接利益；业务主要来源于某一客户，或者非常担心会失去某一项业务；审计公司给客户提供其他非审计专业服务等。这种种因素导致的结果就是世界范围内财务丑闻层出不穷，从21世纪初被誉为“华尔街宠儿”的美国安然公司，到引发了全球金融海啸的雷曼兄弟，桩桩件件都令世人震掠。

5.2.1.1 麦氏骗局的讽刺

伯纳德·麦道夫，纳斯达克前董事会主席，华尔街的传奇式人物。麦道夫以良好的口碑和个人魅力吸引着投资者，以高尚的道德标准、推动公平交易、热爱慈善捐助等美好的外壳包裹自己，将自己塑造成为投资圈的“上帝”。再用“内幕消息”等神秘投资方式来迷惑投资者，让投资者不能问他关于投资的任何问题。而在运营过程中，却聘用不知名的小会计师事务所，一名合伙人、一名秘书和一名会计师，就完成了麦道夫投资证券公司十多亿美元资产的财务审计。

麦氏骗局中，包括西班牙桑坦德银行、法国巴黎银行、汇丰银行、日本野村证券在内的许多金融业巨头都被牵涉。然而这一典型的庞氏骗局其实操作简单、漏洞百出，却存在了 20 年，获得高达 500 亿美元的投资金额。这是对独立审计和华尔街监管的讽刺。

5. 2. 1. 2 **安然丑闻**

美国安然公司（Enron），曾是世界上最大的能源和商品服务公司之一，被称为“华尔街的宠儿”，财富 500 强中排名第七，全球拥有三千多家子公司。却被查出财务造假近 6 亿美元，债务被标准普尔调低为“垃圾级”，股价暴跌，几周之内破产，成为美国历史上最大的破产案。

安然的审计公司安达信，曾经位列全球五大会计师事务所之首，却在对安然公司的审计过程中没有查出假账和虚报利润，也没有发现隐藏的巨额债务。为此，安达信也被判定审计工作中存在欺诈行为，被罚款 700 万美元，在 2002 年倒闭，“五大”也从此变为“四大”。

安然将美国的冒险精神发展为了赌徒精神，高层的腐败和急功近利最终将自己推向了失败。

5. 2. 1. 3 **雷曼兄弟**

雷曼兄弟（Lehman Brothers）曾经是美国第四大投资银行，以悠久历史和绝佳创新精神著称，打造了为全球机构、公司、投资者提供全方位和多元化金融服务的投资银行形象。然而，它在 2008 年的次贷危机冲击下轰然崩塌并引起了一连串的全球连锁反应，从而开启了百年不遇的全球金融海啸，全球经济自此陷入低迷，至今还未能完全恢复。美国破产法院发布的对于雷曼兄弟破产案件的审理报告显示，雷曼兄弟将五百多亿美元的贷款列为销售，以此隐瞒债务，而这都是安永会计师事务所使用“回购 105”的伎俩，对雷曼兄弟的财务报表所进行的操纵。

像上文提到的这样的财务丑闻还有很多，而没有爆出问题的或是影响较小的财务作假则更加普遍。那么，有没有一种更加有效，更低成本的财务会计管理和审计管理方式，能够帮助利益相关者得到更加真实的财务信息和更加安全的投资决策呢？

5.2.2 区块链的会计特征

作为比特币的底层分布式账本技术，区块链已经帮助这一数字货币成功运营7年了。在比特币的世界中，只有矿工、网络和账本，没有中央机构、货币发行者、监管者，更没有会计师、审计机构。一切记账、核算工作都是由网络中的矿工集体完成，没有第三方机构的介入。并且，由于区块链的自治性设计，会计核算和审计工作全部都由矿工自发完成，没有机构监管，也不需要维护。

这样的系统作为一种经济管理的社会活动，是否能够被称作会计审计系统取决于区块链系统是否具备会计的基本特征和职能。

会计具有五大基本特征：①是企业进行经济管理的重要方式；②是企业进行经济活动和现金流管理的信息系统；③通过数字化方式进行计量，一般以企业注册地的本币为单位；④基本职能主要为监督和核算；⑤有一系列国际通行的准则。

区块链系统在比特币交易的运行中扮演着重要角色。比特币网络中的矿工（也就是节点），拥有同样的权利和义务，同时扮演着交易双方、记账者和监督者的身份。当交易发生时，矿工A想要转账给矿工B一个比特币，矿工A将该交易意向广播给全网矿工，接收到该广播信息的矿工在分布式账本中查看交易记录，确定矿工A有足够的比特币可以完成这笔交易，即可确认该笔交易。而由于网络和时间原因，庞大的矿工群体不会同时收到这条广播，而全部矿工确认的效率和可行性又十分低下，所以前六个确认就足以认定交易真实有效，可以记录在册了。同时附带的时间戳和加密信息，使得每一个比特币从被挖出开始的每一笔交易都被记录在区块链上。

区块链上所有的历史交易信息都被储存在每一个矿工的计算机当中，并且不可篡改，因此是十分安全的数据管理系统和信息系统。区块链系统的记录单位是比特币，虽然比特币是一种虚拟的数字货币，但它具有货币的基本属性，所以，区块链的记录以货币为计量单位。同时，新的交易需要其他随机6位以上矿工的确认才可以记录，因此所有的矿工在新的交易中都行使了核算和监督职能。区块链也形成了一套专门的、分中心化和去信任化的记录方法，虽然有别于传统会计核算方式，但是可以保证记录在册的交易都是真实有效的。综上所述，我们认为区块链系统可以满足会计审计系统的五大特征。

在职能方面，区块链系统在交易的事前、事中、事后反映，贯穿于交易的全过程，对正在发生的交易进行核算，以区块链分布式账本记录为依据，并将该交易记录在链上，保持连续和完整的交易记录，并且能够提供按照时间戳顺序排列的系统资料，以便于追踪和考核每一枚比特币从诞生开始的所有交易和流转记录。并且利用这些资料和信息，对之后产生的新交易进行监控和确认，保护个人财产，提高经济流转的效率。

5.2.3 区块链财务系统

比特币不是第一个数字货币，却是第一个将密码学、分布式账本和通信协议等技术应用而开发出区块链技术的数字货币。比特币是一个耗时漫长、参与人数众多的社会实验，它会随着时间推移暴露出很多问题，也会随着更新和发展慢慢自我完善。从一开始的骗局说到后来的大起大落，比特币也许不能摆脱自己在人们心中锈迹斑斑的往昔，却最终将区块链技术的信任机制展现于世人面前。脱离开比特币的区块链不再是纯粹的区块链，而在区块链之上植入的特别协议，能更好地应用于金融层面，因为金融业需要隐私保护，也需要监管等种种协议。

基于区块链的会计特征，我们可以建立一种植入特殊通用协议的应用层面的财务系统。这个系统可以基于私有区块链建立，在这个系统中，会计师和财务官作为节点管理整个系统运营，银行和监管等机构可以接入并访问。由于该财务系统不能完全地去中心化，但可以呈集中式分中心化，这样扁平化的区块链结构也能更加符合现有的企业结构趋势，由于作为节点的员工职位和职责不同，系统中节点的权利和义务也将不尽相同。

系统访问和权限可以分为以下三个层次：

（1）数据访问权限。这个层次的使用者为公司内部员工，可以访问和记录公司的财务和交易数据，并进行内部审计，通过平台内插件实现。

（2）插件调用权限，通过系统 API 实现。这个层次可以用于银行等第三方机构接入，银行可以访问部分信息以确认交易真实，但是在隐私保护协议下，银行看不到更多的公司机密信息。

（3）监管和数据分析访问权限。该层次被用于工商行政管理局、企业信用信息公示、审计公司、股东等重要利益相关者访问公司重要财务数据。监管机构可以实时进行监管以减少违法违规行为。

当交易发生时，公司财务人员根据系统记录中的合同和发票等信息，给银行发出指令，银行接入 API 确认该笔交易属实，合同发票真实，仓储物流信息真实，票据真实，予以放款，此笔交易被盖上时间戳记录在新的区块并连接在链上。公司的现金流真实可回溯，并且区块链就是最有效的凭证，便于监管机构和审计机构的监督和审查。

该财务系统利用了区块链技术来自证其信，由于算法的可信，使得内部控制系统更加独立客观和便于监督。从而为公司财务报表增加了公信力，有利于提高公司信誉，降低内部控制、内部审计、独立审计成本，有利于公司的长远发展。

5.2.4 区块链审计系统

独立审计公司也看到了区块链在审计领域的可应用性。著名的四大会计师事务所——普华永道、德勤、毕马威、安永，纷纷布局区块链研究。

5.2.4.1 “四大”的区块链布局

德勤早在2014年就已经对区块链技术产生兴趣，并致力于研究区块链技术的潜在商机，其成立的名为“Deloitte 数字加密货币共同体”（DCC）的研究集团，目前在全球12个国家拥有超过100名员工。DCC 集团的任务，是探索区块链技术应该如何提高现有的审计、税务和管理咨询服务水平，探索如何发展建立在区块链技术上的未来解决方案，并且让银行业和其他零售行业客户更多了解区块链的优势以及区块链将如何改变自身和客户的经营和运作方式。

在应用方面，德勤已经推出了一款企业级区块链软件应用开发平台 Rubix，客户可以基于该平台的区块链基础设施来创建自己的应用程序。Rubix 为客户提供访问多个分布式公示平台的权限，而更多是基于以太坊的协议。客户可以根据自身需要来制定植入协议，可以在浏览器中编写智能合约并布局区块链。客户能够在控制面板中查看区块链的网络状态，在区块浏览器中查找特定的交易，并且为监控留出了窗口，节点监控器可以实时监控网络中的所有节点。平台目前主要应用功能是实时审计功能、土地登记功能、忠诚度点数和贸易合作伙伴关系。Rubix 提供了一系列接口支持传统企业系统整合，快速的数据处理能力、高度隐私保护和权限控制也为监管提供了途径，能够满足一个企业的众多严苛需求。

安永于2016年8月在伦敦开启专注于区块链解决方案的第三次“创业挑战”项目。“创业挑战”是一个六周制的导师创业项目，主要关注数字权限管理和能源交易两个领域。媒体艺术行业和能源行业是急需认证解决方案的两大领域，也是区块链的可应用行业之一，利用区块链的数据层面解决方案，可以建立真实可信的数据库，将艺术品和能源交易记录其中，使整个交易流程变得简易和透明，来源可追溯，从而减少这两大领域的欺诈行为。此外，安永也十分关注区块链在其他金融领域的应用，建立了安永全球区块链小组。发布了《区块链技术作为数字化平台在保险业的应用》等多份行业洞见报告。

继德勤和安永之后，普华永道也看到了区块链技术对于改变和促进金融业发展的巨大潜力和对于咨询公司的巨大商机，并于 2016 年 1 月宣布进军区块链行业。普华永道在英国贝尔法斯特组建了一个技术团队，旨在调查其客户在区块链技术方面的潜在应用，以推动该技术在金融领域的深入理解和发展。该团队成立之初只有 15 个核心团队成员，预计在 2016 年底扩充至 40 多人。普华永道还与区块链公司 Blockstream（侧链研发公司）建立了战略合作伙伴关系，探索如何为全球企业提供更优质的数字化服务。

毕马威与投资研究机构 CB Insights（风投数据公司）关于金融科技领域风投发布了最新的研究报告，指出区块链技术在 2016 年第二季度产生了强大的吸引力，成为最大的赢家之一。同时宣布毕马威也在积极布局区块链领域，成立了专门的团队进行探索。

四大会计师事务所的区块链专业人士，也于 2016 年 8 月 15 日在纽约进行了首次会面，探讨会计行业如何共同开发出区块链应用标准，组建一个分布式联盟链，如同已有 60 名全球成员的银行业 R3CEV 联盟一样，会计行业的领头企业也将共同探讨区块链和共同账户的价值，使区块链能够更好地帮助行业发展，而不是被颠覆。

5.2.4.2 区块链的审计职能

审计作为一种古老的经济监督活动，已经在几百年的发展中形成了一套完整和系统的特征和职能，以确保审计工作可以达成期望的目标，对被审企业的经济活动合法合规性和财务报表的真实公允性发表独立、客观、公正的看法。

然而，由于失误的存在、技术的缺陷和人类的贪婪，审计的客观公正性总是面临着威胁。随着科技的发展进步，终于有一种技术——区块链，可以从技术层面解决信任问题。区块链的自身特征天然符合权益相关者对于审计的全部要求。

（1）独立性特征。

独立性是审计工作得以进行的基础，审计机构必须为独立的专设机构，审计人员与被审公司没有经济利益和往来，审计机构和人员也需要保持职业道德上的独立性，从而做出客观、公正的判断。

审计的独立性受着多方威胁，如自身利益、自我评价、过度推介、亲密关系和外在压力。

自身利益可以来自经济利益，例如审计师拥有客户股份，审计师会希望客户的利润增长以推动股票价格上升。审计师利益也可以来自亲密关系，如商务合作伙伴关系或家庭及个人关系。这种情况表现为会计师事务所合伙人是客户公司董事，或离职后立刻就任客户公司董事，审计师的亲属就任客户公司董事。客户和审计机构的借贷关系、滞纳金、低价揽客等行为都会影响审计公司和人员的自身利益，从而威胁独立性。

如果审计机构为客户制作财务报表，或提供内部审计服务，之后又提供审计服务，则为自我评价。审计自身工作的自我评价不仅浪费时间，在客观和公正性方面也值得推敲。而会计师事务所通常也会为客户提供税务和管理咨询服务，这些非审计专业服务的费用也会在某种程度上影响审计工作的独立性。审计机构在客户的立场上过度发表有利于客户的意见，或是过度推广其利益和股票，这种过度推介会使审计机构有所偏向而损失独立性。审计机构和客户的长期合作产生的亲密关系也会使后期的审计工作有所偏颇，因此，国际上的行业惯例是企业需要每隔若干年更换一次审计机构，通常是5～10年。外界压力也会影响审计独立性，例如威胁诉讼，敲诈勒索或恐吓。

以上独立性的威胁都来自人为因素，在区块链系统当中，人为的干扰被降低到最小，一切以事先植入的算法协议自动运行。去中心化的系统要求全体成员共同维护，只要不超过50%的节点被攻击，系统会一直稳定运行下去。而又由于区块链的不可篡改特征，使得事后的伪造和篡改无所遁形。基于算法自动运行的系统并不具有人类的情感特征，也不会受到亲密关系或外在压力的影响，即使是自我评价也能保持独立，能够公证地进行审阅。因此，区块链系统可以摆脱长久以来困扰着审计行业的独立性威胁，是比第三方独立审计机构更加独立的系统。

（2）正直性特征。

审计的正直性要求审计人员能够诚实，直接处理审计工作中遇到的各种问题，看到了差错时不去隐瞒，也不会睁一只眼闭一只眼，坦白地表述出遇到的所有问题，而不是蒙混过关。

不够正直也许是一种人性的缺点，那么摒弃了人性的区块链在处理问题时则是绝对正直。虚假贸易和差错会被节点所拒绝，从而导致交易失败，即使是侥幸逃脱，也将由于区块链的不可篡改性而永久地保存在记录当中。

（3）客观性特征。

审计人员应该以客观事实为凭证，并且仅以客观事实为依据。审计工作应该避免偏见、利益冲突和不当影响。

区块链系统可以根据事先植入的算法进行智能运行，只要保持了算法的客观性，就可以保证后续处理的客观性，人为的不正当干预不会起到影响。

审计师需要保持学习，跟上立法和国际会计法则的最新发展。他们只能做自己能胜任的工作，避免安排他们参与没有足够技能的项目。工作中也需要细致、认真，避免出现错误。

人的专业能力会有偏差，人为工作能力也有一定的局限性，会产生误差和错误。基于机器算法的区块链系统杜绝了人为的失误，突破了人类工作的局限，只要将立法和会计准则的发展随时以植入协议的方式加在区块链的协议层，保持系统的更新，严谨的算法可以将失误的概率减小到最低。

（4）保密性特征。

审计师在审计工作中会接触到大量的商业机密信息，这些信息是具有价格敏感性的，一旦泄露将会引起市场波动。在审计工作中和工作结束后，审计人员都需要对这些机密信息予以保密，避免泄漏给他人，除非法律或者专业职责要求揭发。例如，很多国家对于洗钱嫌疑都有非常严格的法律规定和合规要求，所以，一旦审计人员觉得自己的客户涉嫌洗钱，则必须立即上报监管机构。

审计的保密性分为人为泄露和被攻击泄露两种。区块链一方面杜绝了人为泄露秘密的可能性，一方面由于加密算法和数字签名技术而产生的去信任化，区块链节点中的交易可以不用揭露很多自身信息就可以取得双方信任从而完成交易。区块链的匿名性使得企业隐私更加受到保护。在反欺诈、反洗钱方面，区块链可以通过分布式账簿网络收集和验证证据，由于不可篡改，这些证据也会在网络上永久保存，还可以在不同的银行和部门之间分享。德勤已经完成了区块链技术和爱尔兰银行系统融合验证，以协助爱尔兰银行完成其合规要求。根据德勤的调查，2014 年全球银行在反洗钱审计合规方面的花费超过 100 亿美元，2015 年费用更高。通过区块链技术实现反洗钱领域的实时审计合规，可以大幅降低成本和更加符合合法合规要求。

（5）专业行为特征。

审计人员需要行为专业，合法合规，不能破坏专业信誉。例如，审计机构在推介自己专业服务的同时，不能诋毁或贬低其他机构，只能推介自己擅长的专业服务，不应该批评其他专业人士。

审计人员的专业行为仍然受到个人性格的主观影响，由于区块链的客观性，在专业行为方面可以比审计机构更加值得信赖。

以上，我们可以看出，区块链系统可以满足利益相关者对于独立审计的客观要求和对审计工作的职业道德要求，可以应用于审计行业并且能够促进审计工作更加透明、高效。

5.2.4.3 区块链审计应用案例

德勤发布的 Rubix 平台有一大应用案例，叫做 Deloitte's Perma Rec。通过该应用，审计公司可以和被审公司的财务系统进行实时对接，监控和认证被审公司的交易和财务入账，在运营中进行实时监控，减少欺诈和不实交易的发生。并且通过该应用可以建立一个全球性的分布式账簿，审计公司可以大大提高审计效率。

该应用是审计领域的一大创新，通过区块链网络和智能合约实现审计工作的轻运营。

在被审公司内部，区块链审计系统给被审公司带来了极大的便利。在财务管理方面，提高了会计信息透明度、准确性、时效性和可靠性，满足了会计核算要求、合规要求并且降低了公司内部人员的道德风险。在被审公司内部控制方面，该系统可以降低财务信息审核控制的要求，由于记录在案的信息真实准确，可以保障企业财产安全完整，同时也减少了对相关查验工作的依赖，和对外部审计基础工作的需求，从而降低了被审企业成本。内部审计方面，被审公司不需要再去招聘专业审计人员来进行内部审计，所有的交易都已经实时、真实地集中记录并储存在了财务系统私有链上，由于区块链的不可逆性和时间戳功能，减少了虚假贸易、账目欺诈的可能性。

对于审计机构而言，日常的实地考察和检验工作非常烦琐并需要大量人力。四大会计师事务所中规模较大的普华永道和德勤全球都有超过20万名员工，足够组成一个小型的城市。而规模相对较小的安永和毕马威也有接近20万名员工。日常审计由于其烦琐的交易验证、过多的实地考察和过度的细节关注，非常偏向于劳动密集型。区块链审计平台可以使审计人员从日常审计工作中解放出来，因为系统的可信任，交易的真实有效，只需要更少的工作就可以完成检验。轻量型的审计运营模式，使得审计工作的失误也将大大减少，并且专业人士可以转向研究性和创新性的工作中去，从而促进会计审计业的更深层次发展，顺应数字化革命更高效、更全面和更科技化的发展潮流。

5.3 区块链征信：传统征信的创新机遇

征信一词最早在《左传·昭公八年》中有所提及："君子之言，信而有征，故怨远于其身"。文中的"信而有征"，其义是可对所说过的话进行验证为真实的意思。简而言之，即为验证信用。民国初期，征信被定义为信用调查，顾名思义，信用调查的范围由人扩大到了某个企业或是组织，甚至是国家。

5.3.1 传统征信

回溯近现代史，关于征信的概念，有不同来源的定义。基于统一定义的目的，《社会信用体系建设规划纲要（2014～2020年）》对征信做出了权威的解释：征信是指对企业、事业单位等组织的信用信息和个人的信用信息进行采集、整理、保存、加工，并向信息使用者提供的活动。

众所周知，征信对各个行业具备举足轻重的作用，尤其是在金融领域中，征信在风控方面和营销方面的价值是普遍认可的。具体来说，信贷领域的各个环节都与征信紧密相关，比如客户获取、风险定价、额度分配、产品促销、风险预警、客户挽留和尾款催收等。与此同时，征信在营销层面的价值是别具一格的，国外的征信机构有营销业务，基于个人的信用信息进行精准营销，也有多家电商企业、信用卡发卡中心与其合作，针对客户做360度画像和标签化客户管理。对比国外的征信机构，国内的征信主要采取“中心收集、中心查询”的方式，各家商业银行或第三方征信机构将各自掌握的个人或企业的信用信息上交给中央人民银行征信中心，由征信中心给全国的企业和自然人建立信用档案，即个人信用报告，当各家商业银行和第三方征信机构需要信用报告时，进行申请查询。征信中心的介入，从很大程度上帮助银行提高信贷效率、降低放贷成本。举例来说，当个人或企业向银行申请贷款时，银行信贷业务人员在征求本人同意后，对借款方的信用信息进行查询，并以线下走访、电话回访的方式重点核实某些问题，以便为这笔贷款业务提供决策支持。

对于征信机构、数据机构和评级机构的区别，关键在于其所采集的信息是否客观、真实和权威。而判断征信的信用信息的准确性，由征信的全面性、真实性和规范性三个特点决定：

第一，全面性。中央人民银行为全国的自然人和企业搭建了一个比较完善的封闭型的金融征信系统，为全社会的信用体系建设奠定了坚实的物理基础，并提供良好的信用信息数据查询服务。截至2015年末，央行个人征信系统共收录8.8亿自然人，其中3.8亿人有信贷记录，全年日均查询共173万次；另外，企业征信系统共收录企业及其他组织2120万家，其中577万家存有信贷记录，全年日均查询24万次。尤其对于深化动产融资服务层面，融资服务平台累积注册机构达到7.8万家，促成应收账款融资业务2.8万笔，融资金额高达14387亿元。人民银行建设的金融信用信息数据库覆盖范围广、业务品种全，基本涵盖了客户和企业的身份信息、信贷信息、非金融负债信息及部分公共信息。

第二，真实性。2015年互联网金融领域的恶意欺诈、圈钱“跑路”事件频繁发生。其本质在于以P2P网络借贷企业为代表的互联网金融企业存在资质不对外公开、信息不对称透明、平台投资人无法查询投资产品信息、公开信息真实性没有保障等问题。然而，央行的金融信用信息数据库可以反映客户信用行为的真实客观记录，特别是在不久的将来，金融信用信息采用区块链技术来进行存储数据，将会给金融领域带来翻天覆地的变革。借助信用信息数据的查询方式来最大限度地保障互联网金融企业的资质，确保平台投资人能及时真实地掌握各个阶段的实际情况，进而做出更准确的投资选择。

第三，规范性。各个商业银行及第三方征信机构均按照人民银行征信中心制定的统一标准接口规范将相关数据报送至央行金融信用信息数据库，入库前会接受接口校验功能模块严格的数据核验，只有符合标准的数据会被接受入库，不合格的数据将被拒绝收录入库。与此同时，人民银行征信中心将会对各商业银行和第三方征信机构报送的数据进行定期的质量考核，以确保征信数据质量的一致性 、完备性和准确性。目前，央行的金融信用信息数据库是国内最具权威、被普遍接受的信用信息数据库。

5.3.2 传统征信发展历程

总体而言，国内外征信市场模式主要有四种类型：以美国为代表的市场主导型，完全由征信市场来构建征信信息数据库；以中国台湾、韩国和日本为代表的会员制类型，个人与企业以会员的形式将各自的信用信息加入到会员信用信息数据库中；以意大利为代表的混合制类型，第三方征信企业科锐富负责小额、分散化的信贷信息收集，意大利央行负责大额、集中的信贷交易信息的收集；以中国大陆为代表的政府主导型，是一种主要的征信市场模式，由央行主导构建统一集中的金融信用信息数据库。

我国的征信体系建设要回溯至1932年，当时，中华征信所在上海挂牌成立，目前仍然在我国台湾地区运营。直到1997年，中国人民银行开始筹建商业银行信贷登记咨询系统，即为第一代企业征信系统。商业银行将企业申请贷款的资料上报央行征信中心，录入信贷登记咨询系统，当这家企业向其他商业银行发起贷款申请时，商业银行可以申请在央行的信贷登记咨询系统进行该企业的信用信息的查询，如此一来，商业银行可有效地防范多方借贷和多头欺诈等风险，信贷登记咨询系统也在短期内取得了显著的运行效果。

随着跨区域商品经济活动的频繁开展，央行在信贷登记咨询系统的基础上，分别与上海、深圳市政府合资成立了上海资信、深圳鹏元两家征信机构，主要负责在上海、深圳两地进行统一征信试点，其缘由在于央行计划构建一个全国范围的统一的征信组织和信用信息数据库。2004～2006年，央行组织各级金融机构建成全国集中统一的个人和企业征信系统，并于2007年在上海挂牌成立了中国人民银行征信中心，负责运营全国个人和企业征信系统。2012 年以来，征信业的健康有序发展由陆续出台的政策法规来保障，并且，我国的征信市场格局逐渐演化成公共征信与商业征信，具体如表 5－1 所示。进入 2014 年，我国政府对征信体系的构建提出了更高的要求，国务院颁布的《征信业管理条例》《社会信用体系建设规划纲要（2014～2020 年）》《企业信息公示条例》以及中央文明委颁布的《关于推进诚信建设制度化的意见》等纲领性文件，以发改委、人民银行双权威机构为主管单位，多项举措并行，为我国统一信用体系的建设奠定了坚实的基础。

表 5－1　国内征信行业格局

征信类型	细分领域	数据来源	服务对象	代表机构
公共征信	央行征信系统	金融机构	政府部门、金融监管机构和授信金融机构	央行征信中心
	地方征信体系	政务公开信息	社会公众、政府部门等	地方征信机构
商业征信	信用评估	商业交易、金融机构、公共部门等	政府、银行、小额贷款公司、电商企业等	芝麻信用、腾讯征信等
	资信评级	资本市场公开信息	金融机构和资本市场投资者等	中诚信、大公国际等

值得一提的是，2015 年 1 月 5 日央行征信管理局发布官方通知，要求芝麻信用管理有限公司、腾讯征信有限公司、鹏元征信有限公司、中诚信征信有限公司、深圳前海征信中心股份有限公司、中智诚征信有限公司、等 8 家第三方机构积累个人征信信用数据，计划开展个人征信业务，为期 6 个月。这一举措的推出，实际上是央行开始认识到目前的金融信用信息数据库并未完全覆盖到互联网金融业务，征信业务的市场化，让我国的征信行业逐渐从政府主导模式向市场主导型过渡，也为解决当前征信市场的

数据问题做好了充足的准备。

中国人民银行公布，即将在2016年重点推进征信市场的合法合规发展。随着市场化进程的加速，我国征信的市场规模也随之扩大。据平安证券统计显示，我国征信行业未来几年的市场将达千亿元。无独有偶，美国富国银行进行了更加明确的测算，中国个人征信市场规模将超2000亿元。尽管如此，市场空间是巨大的，信用信息数据孤岛、信用数据低质和信用信息数据泄露等问题成为目前征信行业的三大难题。究其缘由，主要有现有中心化模式成本高效率低、监管制约有限和企业数据共享动力不足三个方面的原因。

首先，我国人口基数庞大，当前征信是中心收录、中心查询的模式，存在信息完善效率低、维护成本高和数据有效性滞后等问题。区块链技术的出现，可以从很大程度上解决上述问题。具体来说，区块链以分中心化模式将海量的信用信息分布式存储在每个节点上，全网共识、匿名公开、不可更改和全网共同维护的优势，让“区块链+征信”的跨界融合的模式成为可能。也许在将来，银行、P2P等金融机构的贷款审批可以实现真正的闪电贷。

其次，我国征信体系构建起步晚，中心化政府主导型从很大程度上限制了信用信息数据库搭建效率。然而，征信对于当前高速发展的社会经济的重要性不言而喻，特别是日益增长信贷需求。据悉，我国的消费信贷余额规模高达15万亿元，常年保持着20%的高速增长幅度，并没有放缓的态势。而对于未来信用消费市场充当关键支撑者角色的征信体系来说，远远未达到市场需要的标准。据《中国个人征信专题研究报告2016》显示，我国征信体系实际覆盖面仅为28%，美国个人征信市场覆盖率已经达到92%。为了满足征信市场化的实际需求，以阿里巴巴旗下芝麻信用为代表的“互联网+征信”第三方征信机构如雨后春笋一般崛起，芝麻信用推出了小微企业信用评估的“灵芝”系统，在对接小微企业和银行的双方需求方面，尤其是解决双方信息不对称、供需耦合矛盾层面起到了至关重要的作用。无独有偶，其他互联网巨头、区块链技术公司和征信机构也在征信市场上加紧布局进场、跑马圈地，以考拉征信、腾讯征信、91 征信、甜橙信用和布比区块链技术服务商为代表的企业率先在市场竞争中布局立足，为中小微企业的信贷提供数据服务。

最后，在“互联网 +”和普惠金融的当前发展趋势下，拥有数字资产的企业缺乏数据共享的动力，而有强烈的意愿去获取第三方数据。2015 年是我国互联网金融发展极其迅速的一年，四千多家 P2P 网络借贷企业正常经营的不超过一半，其根本原因在于居高不下的逾期率和坏账率。对于商业银行来说，不良贷款总额和不良贷款率也成为限制其利润增长的原因之一。导致这些现象发生的原因，除了央行征信体系门槛高以外，各级组织之间数据不共享、数据资产难以流动起来，让拥有数据资产的企业难以发挥出其应有的价值。

5.3.3 “区块链 + 征信”的融合解决方案

对征信来说，区块链作为一种弱中心化的分布式数据库技术，信用信息的收集和存储变得触手可及。并且，“区块链 + 征信”的融合解决方案在技术上是完全可以实现的，举例来说，作为国内第三方征信机构的甜橙信用与区块链技术服务提供商布比达成战略合作伙伴关系，旨在通过区块链技术分中心化的互助协作、全网记账体系，来构建普惠式的信用体系，利用区块链的开放民主的高度共识和集体维护的机制来建立开放式的信用系统。

追本溯源，区块链在 2009 年就已经诞生，作为比特币的底层技术，其实质是传统的哈希加密技术和互联网分布式技术的结合体，其分中心化、高度共识、不可篡改、安全匿名和公开透明的特征，为全球亟待寻求数字化转型的各个行业带来了创新的机遇和严峻的挑战。

那么，在“区块链+征信”融合解决方案中，区块链技术又能发挥什么作用呢?

首先，在信用信息数据泄露层面，区块链技术能帮助消费者确立自身的数据资产主权，形成永久性的信用资产。毋庸置疑，个人数据的保护是一切信用信息生产和收录的基础，也是将来我国重要的数字资产的来源，也有利于征信机构信用生产成本的降低和效率的提升。目前，数据所有权基本归属于各大互联网公司，同时，数据权限是错配的，从时间和空间的角度来说，互联网公司可随意进行商业化的应用。作为消费者，我们难以控制自身的隐私数据，更谈不上授权。另外，互联网公司通过生态闭环的方式，对用户的数据进行获取以后，通过多个渠道来进行变现，由于互联网长尾市场的存在，让数据获取成本趋向于免费，数据市场的垄断也让互联网公司赚得盆满钵盈。进而，互联网公司开始进入恶性循环状态，利润丰厚让其拥有更强大的话语权和更重要的社会地位，逐渐地，可能凌驾于用户之上。

其次，在信用信息数据孤岛层面，封闭的生态闭环让互联网公司之间开始建立起一座座相互封闭和隔绝的信用信息数据孤岛，数据资产几乎停滞，无法在市场上正常地流动，数据的价值也就逐渐被忽视。对于互联网公司、商业银行、政府部门等中心化组织来说，如果无法实现相互间数据资产的正常流动，整个社会经济活动也就无法获取其真实的价值。因此，数据资产的流动是目前必须解决的问题。否则，中心化机构通过封闭的数据系统，利用信息的不对称，可对消费者形成直接的威胁，无法确保消费者的合法权益。

再次，在信用数据低质层面，从一定程度上影响了数据资产产生的收益，特别是来源于互联网的半结构化和非结构化数据，其真实性和利用价值很低。举例来说，在美国，Lending club 和 Facebook 曾经合作获取并利用社交数据；在中国，宜信也曾大费周折地采集借款人的社交数据，以期实现对借款人信用的全面评定。但是两者得出的结论如出一辙，由于社交网络中的数据主观随意性很强，这些在网上提取的社交数据根本不具有利用价值或者利用价值十分低，错误率高达 50% 。电商平台上的交易数据也由于一些刷单现象而失真。这些信息的收集与利用就如同垃圾的运进运出，几乎没有任何意义。基于这些低质信用数据的商业化应用也会大打折扣。

最后，在技术实现层面上，对于征信存在的信用数据问题来说，区块链与其在技术和平台层面的融合是一个明智的选择。具体而言，区块链的分布式账本技术和加密算法解决了征信尚且存在的技术问题：①分布式账务处理，以多中心节点保障数据的传输和存储，让数据资产更为有效地流动；②通过时间戳［区块（完整历史）+链（完全验证）=时间戳］来记账，形成了一个不可篡改、不可伪造的数据库，让信用信息能够真实地存储和应用；③以算法信任的方式来构造人与人之间的产权信任；④可编程数字智能合约，让系统将交易模式合法化和规范化，最大限度地将征信数据进行拓展，相信在未来可以依靠“区块链+征信”实现风控价值、营销价值和客户价值。

值得注意的是，影响征信有效性的关键因素，是数据库的维护成本和信息传递效率。而单从数据的角度来看，区块链是一个由所有参与者共同记录（而不是中心化机构单独记录）信息、由所有参与记录的节点共同存储（而不是存储在中心化机构中）并且不可随意篡改的数据库。在这个区块链数据库中，每个用户节点都拥有整个数据库的完整拷贝，并且当某个用户节点要对数据库写入数据时，它需要向区块链网络广播这些数据，以便其余用户节点对这些数据进行验证审核操作。只有全网共同验证和认可后，数据才能写入区块链，并且一旦数据写入区块链后，就不能随意修改或删除。这样一个用区块链技术构建的数据库，对于信用信息的收集和传递有效性的提高有重要意义。

因此，在经济和数字资产全球化的时代，“区块链 + 征信”的融合解决方案是完全可行的，组织层面上的部署需要我们关注以下几点：

第一，征信数据收集及清洗。传统征信体系的构建基于少量相关的结构化交易数据的收集，从很大程度上强调的是经济因素，相对而言，忽略了其他层面的相关因素。虽然经济因素是自然人信用最重要的一个因素，但是全方位、多维度的数据收集方式毫无疑问是必不可少的。比如社交数据体现了从空间的角度去考量自然人的信用，社交数据的统一收集存在技术缺陷，需要从互不相通的新浪微博、微信等社交平台实时抓取数据。尽管如此，设想如果未来包含社交数据在内的信息全都存储在区块链系统中，或者说是基于区块链底层技术的社交平台上。毋庸置疑，“区块链 + 征信”对于传统征信来说是无法想象的，但对于征信行业来说，“区块链 + 征信”有着时代的必然性。伴随着互联网技术的普及与发展，信息传递变得事半功倍，由此，人类社会逐渐步入信息的自由公证时代，在人与社会之间的经济协作及相互监督下，产生的每一条信息都可能被记录备案，每一条信息都以最大信息熵来保证其真实性，数据造假、数据低质的问题将由此得以最大限度地改善。那么，信息载体的问题再一次被提出：哪一种技术可以构建一个自动信息甄别的平台？目前的解决方案显然是区块链技术。区块链系统采用竞争记账的机制来收集信用信息，对海量数据进行时间戳标注，进而达到更好的信用评估效果。另外，在信用确权层面，将用户作为区块链数据聚合节点，连接各个公共部门和商业企业节点，开展数据授权，就可以从很大程度上解决数据孤岛和数据泄露的问题，尤其是用户隐私保护，对于近期频发的电信诈骗来说，诈骗方在数据黑市低成本购买用户隐私数据，让受害者防不胜防。因此，区块链作为优质的信息入口，可以帮助征信机构保护源数据、剔除大量重复性工作，利用大数据的重构技术，大幅度降低数据清洗成本，解决数据噪声问题。

第二，征信数据共享与协作。20 世纪 90 年代以来，互联网技术、大数据技术和云计算技术的兴起让征信行业空前繁荣，但与之俱来的交易双方的信任鸿沟问题一直没有得到有效解决。李启雷在《区块链 + 大数据：极具颠覆性的解决方案》中也提到了人与人之间的信任鸿沟问题，他表示，银行等机构的数据库技术架构是采用中心化的方式，并不能适应频繁的价值传递和信任问题。无独有偶，进入 2015 年，区块链作为 Fintech 领域最具代表性的技术逐渐兴起，信任鸿沟问题从理论上具备解决的可能性，业内专家开始思索中心化系统架构的优劣势，优势是便于掌控利润朝自身有利的方向流动，劣势是成本极高、效率极低、信息失真。因此，征信机构开始对区块链技术产生了浓厚的兴趣。举例来说，近期第三方征信机构与区块链技术服务商布比达成战略合作关系，合作开发基于区块链技术的征信系统。引用汪晓明在《区块链 3.0：区块链征信重构现有征信模式》一文中所述：各方征信参与者将自身原始数据保存至各自数据库，只需将少量摘要信息提交到区块链进行保存，有查询请求的企业或个人通过区块链转发链接到源数据提供方的数据库申请查询。如此一来，各方既可以查询到外部海量数据，又不泄露自身的核心商业数据。区块链从很大程度上解决了征信数据共享与协作的问题，既有助于征信机构自动地记录海量的信用信息，又实现了信用资源的共享共通、共建共赢，进而将社会信用体系聚合成一个分中心化和自信任的分布式体系架构。此外，信贷客户的多头借贷得到了根本性的解决，交易数据成本、跨组织协作成本和行业监管成本也将得以大幅度降低。然而，“区块链 + 征信”的融合解决方案在征信数据共享和协作上也存在不足之处，如何与传统征信的中心化机构互联互通、构建稳定生态，目前成为征信行业极具争议的问题。

第三，征信系统安全与业务拓展。与传统征信系统的中心化的数据维护方式不同，区块链是集体维护的机制，每一个节点都积极参与系统的数据维护和安全管理。传统的征信中心数据库需要实时防范受到黑客攻击、系统故障、服务器宕机、员工缺乏职业道德参与内幕交易等风险，特别是数据泄露，从很大程度上威胁到用户的合法财产和隐私安全。区块链作为比特币的底层技术，八年多来，从未发生过系统宕机，POW（升级的共识机制）、POS（权益证明）、DBFT（改进的拜占庭容错算法）等共识机制也可以满足各个行业瞬息万变的特殊安全需求。值得注意的是，基于区块链技术的比特币和以太坊平台并不是从未出现过系统安全事故，Mt. Gox、The DAO 和 Bitfinex（比特币交易所）近两亿美元的被盗事件轰动全球，关于现有天河二号等量子计算机不超过 100 年攻破 SHA256 加密算法、全球九大矿池联合把持 90% 节点等争议不绝于耳。尽管如此，比特币和以太坊平台采用的软分叉冻结资金账户和硬分叉促使被盗交易失效的安全应急措施，毫无疑问验证了区块链技术的安全性是明显优于传统征信的中心化架构的。另外，区块链 2. 0 时代的智能合约技术具备动态扩展功能。正如郑瑶、董大勇在《区块链对银行业客户信用构建的挑战与机会》中所述，区块链的分布式算法信任技术，让建立在信用基础上的金融产品具备动态的编程能力，拓展金融创新的范围。

第四，征信监管要求。对于监管层来说，区块链技术作为一种新兴技术，在各个行业的应用的未来尚无定论。但可以肯定的是，监管部门没有明确反对区块链在征信行业的应用。与此同时，监管部门也可以征信区块链系统节点的身份来进行实时监管，更合理地分配监管权限，做到分级、分类、分区域的行业监管。这样一来，征信行业既能高效地覆盖到全国的中小微企业和个人，又能从一定程度上降低系统维护成本和防范系统性风险。

5.4 区块链助力资管行业转型

作为 Fintech 最具代表性的技术，区块链技术已在诸多行业进行了尝试。对于资产管理领域来说，区块链技术可以有效地简化结算过程、降低交易成本。特别是在商业银行资产管理业务层面，区块链能够大幅度提升银行的数字资产的跨界融合和专业投资能力。

5.4.1 传统资产管理业务

在资产管理过程中，金融机构作为资产管理主体与资产持有者（投资者）进行金融服务交易，前者的优势在于具备丰富专业投资技能的人才和金融产品、渠道资源，在投资者的全权委托下，将其资金准确投向适宜的金融产品，投资者需要承担投资过程中所有的风险，即自负盈亏，并且，需要支付至少万分之一的管理费用。资产管理业务具备三方参与、低资本占用、范围经济驱动和金融混业四大特征：

第一，三方参与特征。具体而言，资产管理业务是由资产受托者、托管者和委托人参与，三方共同构成资产管理主体。托管者主要负责资金的存管、实施监督管理和信息的披露。

第二，运营风险和资金成本低。受托者是使用客户的资产，对资金和资产进行运作。投资过程中所有风险由投资者自身承担，不占用资产管理机构的自有经济资本，因此，资产管理业务具备显著的低资本占用和低风险运营的特征。

第三，范围经济特征。金融机构往往会将其他金融业务与资产管理业务同时开展，如此一来，其他金融业务能最大限度地享受到范围经济所带来的交叉销售利润和大幅降低成本的好处，与此同时，从一定程度上，增强了商业银行理财客户和融资客户的黏性和忠诚度。

第四，混业经营特征。众所周知，商业银行、保险机构、证券机构、资管公司等都可以参与资产管理业务，混业经营想象普遍，金融业务之间的交叉逐渐形成常态，由此，资管业务成为了混业经营的典型。这些年，大型金融机构注意到资产管理业务低资产占用、低风险经营的好处，纷纷开始布局资管业务，通过申请相应牌照的方式来参与。

资产管理业务是一项具备包容性的金融服务，资产管理业务的经营机构包括商业银行、第三方理财机构（Independent Financial Advisors，IFA）、信托投资公司、证券公司、基金管理公司、保险公司、私募机构及其他投资公司等。我国资产管理业务从2004年开始起步，一直到2012年“新政”（《资产管理机构开展公募证券投资基金管理业务暂行规定》）的出台，国内金融机构的资产管理业务发生了翻天覆地的变化。具体而言，商业银行从发行银行理财产品、基金保险证券期货私募等资金托管，特别是城商行申请基金牌照的限制放开；证券公司及证券资管公司从资产管理的单业务线到受托管理保险资金、开展公募基金业务和基金托管业务；基金公司从公募基金管理业务拓展至受托管理保险资金；私募基金机构从私募基金管理业务拓展至允许开展公募基金业务；保险资管公司从保险资金管理业务拓展至开展资产管理业务、公募基金业务、受托管理养老金、企业年金和住房公积金等机构资金；期货公司从不允许开展资管业务拓展至允许开展资产管理业务。业务范围的拓展，让我国资产管理业务市场大为发展，市场规模从2005年的4万亿元到2015年的93万亿元，年平均增速保持在200%以上。

5.4.2 金融科技对传统资管业务的挑战

以商业银行的资产管理业务为例，从2004年商业银行发行第一笔人民币理财计划开始，我国商业银行资产管理业务已经在短短十余年时间里实现了跨越式的发展。回溯商业银行的资管业务发展史，分为两个时期：商业银行资产管理1.0时代（2004~2013年），是银行大力发行类贷款的理财产品时期。商业银行资产管理2.0时代（2013年至今），是银行采用互联网技术、大数据技术、区块链技术等新兴技术与其他金融机构之间进行业务协同化、跨市场进行主动投资和大类资产配置时期。而在未来，我们也许可以憧憬区块链技术为传统资产管理业务带来的全新变革。

2013年以来，互联网金融，或者说金融科技一直推动着传统资产管理业务进行创新变革。具体表现在三个方面：首先，以支付宝为代表的非银行支付机构给商业银行的支付业务和小额结算业务带来了很大的挑战，这些机构通过网商银行、小额贷款子公司来为未来的资管业务做好准备；其次，小额贷款公司、第三方担保公司、P2P网络借贷企业、众筹平台对于资管机构的中小微贷款业务带来冲击。最后，以余额宝、理财通为代表的各类“宝宝”们从货币市场基金的角度入手，直接争夺商业银行在资管市场的基础业务——理财，与此同时，对活期存款“M1（狭义货币量）-M0（流通中的现金）”进行分流。

尽管如此，金融科技对传统资产管理业务的影响尚且停留在低风险的流动性资管业务上，此类资管业务在传统资管机构中所占比例不大。中高风险投资业务才是资产管理业务的核心，目前，由于中高风险投资业务体量大、流动性低的缘故，无法在互联网上进行运作，只能依靠线下客户经理或私人银行与投资者进行“一对一”“一对多”的经营方式。然而，随着互联网技术和区块链技术的广泛普及与迅速发展，传统资管机构势必会在未来经受商业价值观、盈利模式和经营理念等层面的挑战。

在商业价值观念层面，传统资管机构往往关注优质资产，尤其是对于高净值客户，在风险可控时获取更高的收益是各家资管机构争先营销的卖点。而在追求更快更强的互联网企业或区块链初创企业，如何提供更加完美、更加契合客户需求的金融产品是这些企业的目标。因此，传统资管机构的“产品至上”和互联网、区块链企业的“客户至上”的商业价值观念有着本质的区别。

在盈利模式层面，以银行为代表的传统资管机构以金融产品为中心，一般是先销售产品再维系客户资源。而互联网企业通过搭建商业应用场景来吸引汇集大量客户，提供多元化的线上营销体验来对客户资源进行垄断和巩固。未来的区块链资管业务平台也许在客户资源配置层面占据更大的优势，因为每一个客户都可能是区块链平台的一个节点，能实时地以匿名的方式与资管机构进行互动管理，从而让资管机构更便捷地获利。

在经营理念层面，金融科技企业能够借助于互联网或区块链平台与客户进行近距离的互动，形成个性化的产品需求和潜在的心理需求，对其实施精准营销。银行等传统资管机构虽然目前也在通过自身开发、兼并合作的方式搭建互联网或区块链平台，但是技术的不成熟注定开发进度缓慢、反应速度迟缓等问题的存在。举例来说，全球最大的加密、结算和投资服务提供商 R3CEV 从 2015 年至今共吸纳了 60 家银行，共同开发交易结算清算的区块链分布式账本系统——Corda，由于跨境支付清算系统对接的复杂性，Corda 至今刚进入测试应用阶段。

5.4.3 区块链将为传统资管业务带来巨大变革

区块链技术在资本市场的应用尚处于初级阶段，据摩根大通和咨询公司奥韦咨询（Oliver Wyman）的《区块链技术对资产管理公司而言是一个机会》显示，早期的简单应用程序阶段是从现在到2019年。区块链搭建资管行业“关键基础设施”预计将在2020年和2030年之间完成。设想一下，各类资产以数字加密货币的形式存储在区块链上，跨资产交易的结算预清算可以转移到分布式总账的基础设施上进行，将大幅度降低处理周期，并且为资本市场释放高流动性。

由于区块链能带来资本市场的优质数据来源、高流动性和低摩擦成本，未来将能够让以摩根大通、黑石集团、嘉信理财和富达国际（Fidelity）为代表的资管机构以创新的方式为客户服务，比如替代交易策略和实时投资报告等。对于传统资管业务而言，基于集中式的分类账网络流通模型是不完善的，银行作为资管托管中心，交易账户的支付与清算，必须要对分类账本进行对账处理，一般而言，资金在账户之间的转移时间比较长，多则半个月，少则三天。因此，分类账网络流通模式比较落后，不仅成本高昂，还有可能引发高操作风险，分中心化的分布式分类账在原理上可实现资管业务的推广应用，进而降低时间、资金成本并防范风险。

在清算与结算方面，区块链能从很大程度上缩短结算与清算时间，其高度共识和竞争记账的机制让每笔交易结算与清算能缩短至十分钟左右。交易一经确认并进入总账，相关交易令牌便会转至收款方的钱包账户，净额结算和保证金的业务逻辑仍然存在于区块链结算和清算系统中，每一个区块记录进分类账时会由竞争记账来加速验证，结算周期远远低于当前处理周期，在降低风险和成本的同时，防范欺诈、洗钱等违法行为的发生。

在文件留存方面，区块链技术根据交易周期，将资产转移中所涉及的各类条款、交易信息与交易过程都记录进资产管理智能合同，并且不能私自篡改和加盖时间戳。进而让任何一个授权机构都能实时地验证参与过的历史交易记录。

在分类账本处理方面，设想在一家资产管理机构中部署区块链系统，合作企业或法人均可以设置节点权限，将往来交易记录以分类账本的形式上传到该区块链系统中。也许随着区块链技术的广泛拓展，多产品、多货币记录的合并也有可能实现。这样一来，能够帮助资产管理机构更合理地进行对账、看账和满足监管需求。

在合并审计记录方面，区块链2.0时代的智能合约的设计，是为了资产转移交易的合法合规和准确记录。对于监管层来说，这一点充满吸引力。资产持有者、资产受托者和资产托管者的账本在同一个区块链网络中，可有效地防范账户被盗用，更好地处理交易存在的问题，并且加盖了有效的相对时间戳。

在系统风险防范方面，传统资管机构将资金投向债券回购协议和短期债券等金融产品时，资金的流动性需求是必须考虑的问题，结算处理周期的时长直接影响抵押资金能否流动起来。区块链分布式账本协议要求交易前先进行抵押或现金融资，对冲部分信用风险和流动性风险。此外，区块链技术通过软分叉或硬分叉方案能反向或终止交易，进入新的交易，应对因系统风险而带来的连锁反应。

在账户效率提升方面，区块链资产管理系统能够减少中后台工作流环节，实现标准化流程作业，包括误差校正、交易压缩、款项分配、合约匹配和专有分类账对账等流程。另外，对于保障投资者个人钱包和账户的安全性或扩展性层面，区块链的智能合约可以实现法律上独立、经营上混业的综合账号。

在冗余簿记系统免除方面，资产管理机构所保管的资产形式可用数字编程的方式进行存储和处理，交易行为得到了金融中介机构对应的节点的担保，区块链分布式账本协议在资管领域一旦经受普遍认可和确定，也就不需要金融中介来证明或担保其真实性和公正性。

毋庸置疑，区块链技术具有不可限量的潜力，但对于银行等资管机构来说，开展区块链资管业务面临来自法律、政策、市场和技术能力等多个方面的挑战。另外，原有集中式分类账、中央证券托管系统的对接融合也是需要考虑的。举例来说，资产的数字化还需要很长一段时间才能真正实现，在这个过程中，区块链分布式账本系统的搭建，为分布式分类账的存储和处理模式提供了低成本、高效率的技术解决方案。相信在不久的将来，区块链在资产管理领域将大有可为。

第六章

区块链金融政策建议

区块链作为金融科技领域的一种颠覆式创新技术，在一定程度上将影响未来金融创新发展的趋势。比如冲击传统金融体系、引发金融市场变革、促进金融科技融合、加速产业融资结合和改变金融混业格局。特别是区块链技术将构建间接金融模式向自金融模式转化所必需的金融基础设施，使全球共享经济得以实现。然而，如何对这种金融创新技术进行监管，成为监管层与金融科技领域热议的话题。

6.1 区块链开启全球协作新时代

我国启蒙思想家梁启超先生曾经说过，“过渡时代，必有革命”。20 世纪 80 年代开始，网络技术的兴起开启了信息流通的互联网时代。伴随着区块链技术 3.0 的创新式变革，预示着互联网逐步成为过渡时代，奉行价值转移和信用转移的全球协作新时代正式拉开帷幕。

6.1.1 区块链深化社会专业化分工

在互联网时代，伴随着网络基础设施的逐步完善和通信技术的更新迭代，信息已经实现快速有效地在网络节点中流通。值得一提的是，“互联网 +”让传统行业的互联网化成为这个时代最具贡献度的伟业。特别是电子商务、金融门户、网络证券等经济活动的盛行，为消费者的生活带来了无与伦比的快捷性和便利性的体验。

然而，消费者对传统行业互联网化服务的最后一步——支付提出了全新的需求，期望能够低成本、高效率地进行价值转移和信用转移活动。此时，互联网时代中心化的信用转移和价值转移方式已不能满足新时代的需求，具体来说，无法通过国家、金融机构从根本上让经济活动减少摩擦并提高效率，更不能达到全球信用共识状态。持续多年后，终于在 2008 年，一位号称中本聪的技术极客提出了区块链的前身——比特币的概念。2009 年初，作为一种点对点的电子交易账本系统，区块链以创世区块的方式被全球的技术极客所接受。直到 2015 年，分中心化的区块链技术乘着 Fintech 之风，以数字货币、跨境支付、股权交易和智能合约等 1.0 和 2.0 版本席卷全球，正式进入人们的视野。至今，区块链 3.0 版本已超越了数字货币和智能合约等功能，提出了劳动协作全球化和经济资源共享化的解决方案。其尝试构建量子级别的资源配置系统，自动化实现人力资源和物力资源的合理分配，在这个过程中，不仅解除了参与节点数量和物理结构的限制，而且从很大程度上降低了人力协作所带来的经济成本和风险。举例来说，由于合规合法制度要求，客户身份认证一直是金融等中介机构无法逾越的基础设施建设工作之一。过去，亲面亲签的认证方式既让客户体验度降低，又让中介机构为此投入大量人力和物力资源。目前，以 Onename（域名认证平台）、BitID（区块链身份验证平台）等为代表的第三方身份验证服务提供商开始利用区块链分中心化、公正公开的特性，在比特币平台上为金融等中介机构提供去中心的第三方客户身份认证的服务。简而言之，可以用“+名字”实现身份认证或比特币交易。

6.1.2 区块链重塑全球发展新格局

科技进步、监管套利和市场需求变化是金融创新的三大动力。随着区块链技术在金融领域的应用日益成熟，国际社会组织对其关注度日益上升，全球各个国家和传统金融机构开始投资比特币与区块链初创企业，纷纷抢先注册区块链技术专利，布局区块链金融业务，以此来改变全球的生产、生活和社会规则。

从区块链吸引投资层面来看，2016 年第一季度，比特币与区块链创业公司吸引风险投资总额超过了 11 亿美元。如图 6－1 所示，比特币和区块链创业公司吸引投资额度在经历了四个季度的下滑之后，2016 年初开始，实现了大幅度反弹。全球投资机构对于区块链的强烈投资兴趣，来源于 Fintech 概念在全球的爆发，区块链作为 Fintech 领域最具代表性的技术，从 2015 年初开始，投资热度一路飙升。

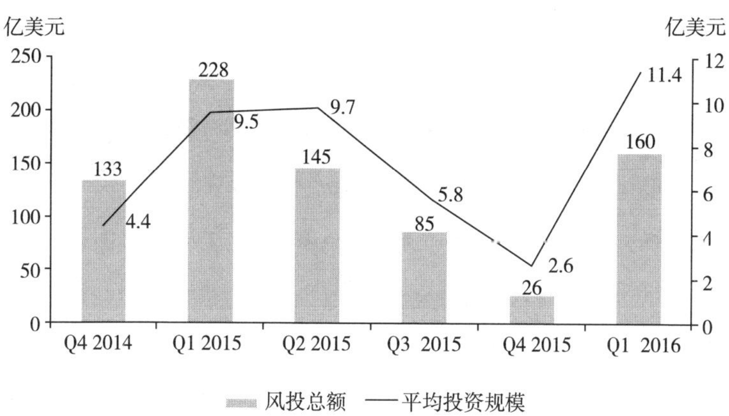

图 6－1　比特币和区块链创业公司融资概览

对于传统金融机构来说，区块链毫无疑问是其布局未来金融市场的技术手段。从 2015 年开始，金融行业对比特币底层技术——区块链的关注不断提升，传统金融机构也逐步对外宣称自身是一家以区块链为核心技术的金融科技公司。如图6－2所示，从2015年第三季度开始，全球传统金融机构宣布推出区块链的传统金融机构逐年呈现上升趋势。

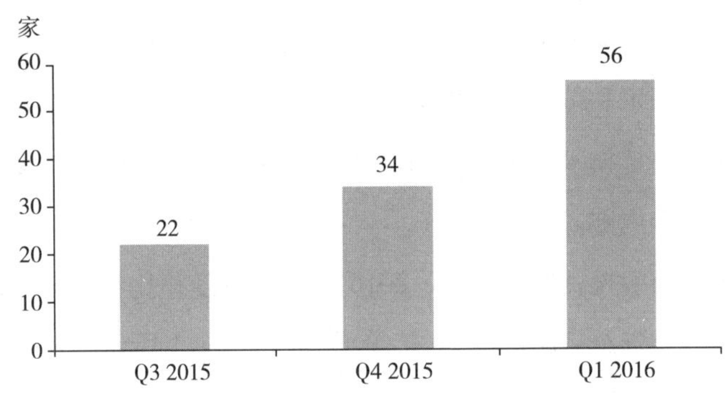

图6－2　推出区块链项目的传统金融机构数

围绕比特币创业公司布局的传统金融机构，主要看重的是比特币创业公司在支付、交易、汇款和其他货币活动方面的创新和技术实力。毋庸置疑，区块链创业公司吸引投资的能力在于非货币活动的创新能力，比如产权、资产来源和证券结算等。伴随着2015年第四季度市场对比特币价格的炒作，比特币创业公司融资额暴增至98%。进入2016年，区块链技术应用的日趋成熟化和市场的日趋理性化，金融机构对区块链技术进行了深入的研究与实践，因此，区块链技术完成了蜕变，首次超越了比特币，成为最受风险投资机构喜爱的投资标的。如图6－3所示，区块链创业公司的融资比例高达84%，说明金融行业的导向正在由比特币转向区块链领域。

早在2015年，全球经济发达国家对区块链就开始进行整体布局和集中投资。美国仍然是全球区块链风险投资的主导者。如图6－4所示，集中投资比特币和区块链创业公司前十位中，英国是最早投资这一领域的发达国家，中国和荷兰作为后起之秀，逐渐赶超欧洲等发达经济体，开始为升级为下一个世界金融中心奠定基础。

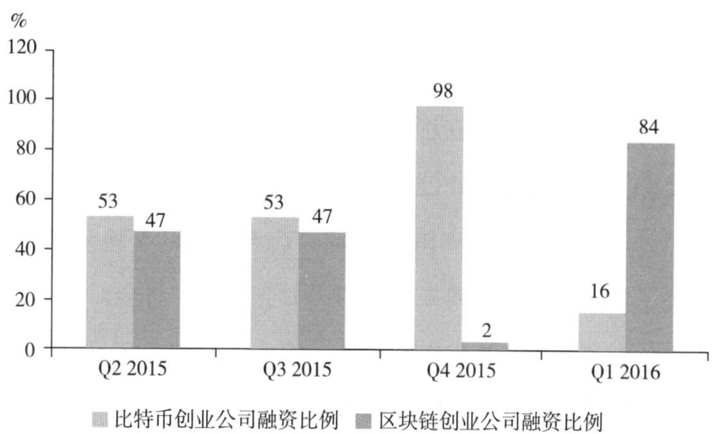

图 6－3 比特币与区块链创业公司融资对比

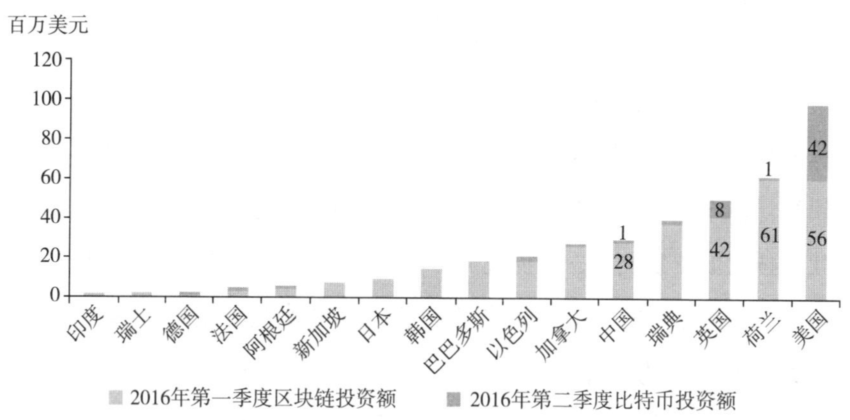

图 6－4 全球主要经济体比特币与区块链投资比较

在全球资本的推动下，区块链的创业活跃，应用场景遍布金融的各个领域。具体来说，在金融基础设施建设层面，全球四大会计师事务所之一——德勤应用区块链技术在支付前的金融基础设施建设上已经卓有成效，其通过 Rubix 平台从各个金融机构收集客户身份信息进行数字化验证，上传至区块链金融网络，金融机构作为区块链网络的高权限节点，给交易实体提供电子化的身份证明信息（即私钥），将私钥与用户在区块链网络地址一一对应，任何交易的发生都需要客户的私钥和银行的公钥进行匹配验证，实现了区块链交易数据的可追溯性。在这种交易模式下，由于各个金融机构通过区块链网络实时共享交易信息，任何一笔交易的任何环节都脱离不了监管的视线范围，欺诈、腐败、黑钱、恐怖融资等违法犯罪活动将无处遁形。因此，不仅仅是 Rubix，将来会有更多的金融基础设施建设，一定是围绕了解客户和反洗钱来进行的。如此一来，将会对传统金融业的合规模式进行彻底变革，减少大量重复性的人工劳动，在节省合规成本的同时，风险的识别和业务机会的挖掘也是趋势所在。

在商业银行业务领域，应用场景集中在支付和金融基础设施建设两个方面。从 2015 年开始，英国巴克莱银行、西班牙毕尔巴鄂比斯开银行、澳洲联邦银行、摩根大通、瑞士信贷集团、道富银行、瑞士银行和苏格兰皇家银行达成了战略合作，一直致力于为区块链技术在银行业的应用制定行业标准和协议。值得关注的是，这个联盟的成员英国巴克莱银行与以色列区块链初创企业加速器 Wave 在 2016 年 9 月 6 日共同完成了全球首笔基于区块链技术的贸易交易，将传统需要耗时 7～10 个工作日的交易处理流程大幅缩短至 4 个小时。R3CEV 作为银行业的区块链分布式账本协议联盟，已经开始测试其为全球 60 家顶级银行打造的分布式技术平台——Corda。此外，商业银行自身也积极投入资金，建立区块链研发实验室，开发基于区块链的银行应用。比如高盛的 SETLCoin（加密货币）已经申请全球专利，主要为交易员提供实时结算和执行交易的服务，美国银行已申请数字加密货币相关的区块链技术的相关专利。国内，中国分布式基础协议联盟（China Ledger）共同发起者瀚德金创在日前发布的区块链票据 SPV（Special Purpose Vehicle）（特殊目的载体，用于风险隔离）系统，不仅是国内首个区块链金融落地的应用产品，而且是全球首项基于区块链技术的票据 SPV 系统。在我国区块链金融的发展中，具有里程碑的意义。

在货币支付和结算清算的应用场景层面，Visa 对外宣布，正通过区块链技术来开发一款用于汽车购买的客户端应用，以此彻底变革客户—经销商—厂商的三级购买流程。PayPal 作为全球支付机构，正联合 Coinbase、GoCoin 和 Bitpay 推出将传统金融支付和比特币市场对接的解决方案，已经实现比特币支付 Airbnb 和 Uber 的服务。跨机构支付与结算清算过程中，时间成本永远是金融机构考虑消除或减少的经济摩擦因素之一。伴随着区块链技术的迅速发展，比特币网络每秒只能实现 3 ~7 笔交易的限制已被突破，基于区块链技术的支付服务公司 Safe Cash Payment（SCP，安全现金支付）对外宣称，为了支撑全球每天上万亿美元的交易，SCP 已经利用闪电网络技术突破比特币网络速度限制，成功实现每秒 25000 笔交易，达到 Visa 支付网络级别。但对于支付结算的另一个技术难题——扩容，SCP 尚未提及。与此同时，目前，瑞波实验室已经开发出一个基于智能合约和编程语言的应用 Codius（智能协议）以满足金融机构进行跨机构转账和外汇交易的需求，实现秒级的跨机构支付结算。如表 6 - 1 所示，传统的国际贸易支付模式已经受到区块链技术的挑战，成本的节省可能是一个突破点。类似的还有 DAH（Digital Asset Holding），其正在研发基于区块链技术的金融机构间的大宗交易解决方案，这些区块链创业公司通过改善跨机构的交易和支付，来尝试重塑传统商业银行业的生态系统。

表 6 - 1　跨境支付转账成本对比

国际贸易支付模式	交易费用	到账时间	备注
跨机构电汇	电报费：100 元；手续费：汇款总额的 1‰，以美元计算；外币转换费：汇款总额的 1% ~3%，以人民币计	1 ~3 天	不能追踪汇款状态

续表

国际贸易支付模式	交易费用	到账时间	备注
西联国际汇款（Western Union）	低于 500 美元：15 美元；500～1000 美元：20 美元；1000～2000 美元：25 美元；2000～5000 美元：30 美元	不到半个小时	小额转账相对成本高、单笔额度受限
比特币或区块链支付	人民币转换比特币零费率，再兑换外币由不同平台和币种手续费决定(0～3%)	秒级	可追溯、可实时查询状态、匿名安全、不可更改

在证券交易领域，澳洲证券交易所（ASX）正在研究区块链分布式账本技术，寻找一个可以替代当前清算所电子附属登记系统（CHESS）的区块链清算系统。ASX 的首席执行官埃尔默·库珀表示，这个全新的区块链清算系统将花费4500 万澳元的成本，占据 ASX 年收入的 7%，并且需要等待 5 年的时间。尽管如此，库珀仍然认为区块链技术将加速颠覆传统清算技术，因为它比中心化的总账技术更为安全，集体维护起来也更为经济，因此，现阶段如此高昂的研究与开发成本是值得的。与此同时，在 2015 年 10 月，美国证券交易商纳斯达克在拉斯维加斯的 Money20/20 大会上，正式公布了基于区块链技术的个人股票交易平台——Nasdaq Linq。Linq 是首个由金融服务公司推出的数字化交易和管理平台，不仅能够高效率地管理公司的股份，而且能提供不可更改的数据分析服务。同年，美国网络券商 Overstock 创立了全球第一个基于区块链技术的分布式证券交易市场 Medici（美第奇）。无独有偶，国内的小蚁科技也在开发基于区块链技术在公司上市过程中的股权登记应用。

6.2 区块链金融面临的挑战

源于比特币底层技术的区块链，对于我国的经济发展来说，具有尤为重要的促进作用。虽然这项金融科技领域的金融创新尚未成熟，但是已经引起全球以大型银行为代表的金融机构的重视，与此同时，也逐渐引起以英国、中国为代表的主要世界经济体及重要国际组织的关注。在对区块链有了完整的技术认知的基础上，其可能引发的金融系统风险也应引起我国金融业和监管部门的重视。

6.2.1 积极布局监管与深入理解金融创新

2009 年至今，以区块链作为底层技术的比特币和以太坊平台已陆续发生比特币和以太币的被盗事件，损失近 6 亿美元。具体而言，全球最早成立、也是规模最大的比特币交易平台 Mt. Gox 在 2014 年 2 月 28 日宣布，包括用户交易账号与公司自身账号里的 85 万个比特币被盗，损失高达 4.67 亿美元。2016 年 6 月 18 日，全球最大的众筹平台 The DAO 被黑客盗取 360 万个以太币，损失高达 7500 万美元。无独有偶，2016 年 8 月 2 日，比特币交易所 Bitfinex 被盗 12 万个比特币，损失达 6000 万美元。区块链技术虽然已经在资本市场和商品市场表现出了难以替代的实用性与独特性，但是其不成熟的技术现状对于监管层而言，仍然是不小的挑战，理应引起金融机构和监管部门的重视与思考。

监管部门将可能面临三个方面的挑战。在数据处理能力方面，区块链金融应用给监管部门提出了更巨大的挑战。伴随着区块链金融领域监管制度的制定，商业银行机构需要向监管部门报送的数据量将会大幅增加。在大数据时代，如果说监管部门处理的是以每天70TB（太字节）为增长幅度的数据，那么区块链金融大背景下处理的将是以几十ZB（泽它字节）①为增长幅度的数据，数据量足足增长了千万倍。之所以区块链金融领域监管层处理的数据如此惊人，是因为全区块链网络节点的数据都会向监管部门敞开。因此，监管部门面临的不仅仅是海量数据的挑战，更大的问题是传统的中心化的集中式分类账簿记处理模式如何处理分中心化的数据，对于如何将原有数据入口与各大区块链金融接口进行对接融合，则是下一个技术上需要解决的难题。与此同时，如何对信息进行披露，如何进行数据透明程度的规范，哪些信息属于应当公开的信息，哪些信息属于消费者的隐私信息，哪些信息对资本市场、商品市场、政府部门开放等一系列问题都将对监管层的现有数据处理能力提出更高的要求。

在风险应对方面，区块链金融应用给监管部门提出了更具体的挑战。一方面，区块链的竞争记账机制确保实现发生即清算，风险传播将以更快的速度和更广的范围覆盖金融市场。另一方面，点对点电子现金交易系统能让市场快速发现出现风险的交易对手，目前，依靠商业银行的风险控制能力，很难防范较大的市场风险。进一步说，如果再次发生2008年类似的国际金融危机时，区块链金融系统如何来进行风险防范或风险隔离，对于区块链金融的监管层来说，是必不可少的思考环节。

在有效监管方面，区块链金融将给原有的中心化的监管机制带来更严峻的挑战。中心化的监管机制原理在于在多个组织主体之间向上寻找共同的高级组织机构，由共同的信任中心对整个体系进行组织协调。中心化的监管机制优势在于协调相对比较稳健，劣势在于协调事项有其优先级规

---

① 注：1ZB＝1024PB，1PB＝1024TB。

则，无法高效及时地满足所有体系下机构的协作需求。区块链技术通过对等的方式将参与方以区块为单位连接起来，由各个参与节点集体维护整个系统，制定相应的共识机制和智能合约来规范协作方式，以实现更有弹性、更低成本和更高效的全新协作方式，与此同时，监管层也可以具备优先权的节点方式参与到整个区块链金融体系中，以形成更低成本、更大范围的协同机制。

6.2.2 认真厘清职责与积极鼓励金融创新

监管层需要思考区块链给金融监管带来的四个问题。在区块链金融监管体制改革方向层面，如何对分业监管、混业监管和混合监管进行定位，成为监管部门重点考虑的问题。目前的商业银行改革的热议话题是综合经营，即多元化经营。因此，金融行业出现了越来越多关于混业经营与混业监管的讨论，伴随着更多的互联网公司和传统企业涉足民营银行或资管类金融企业，之前的中心化的单线监管模式逐步面临覆盖面无限扩大的压力。进一步地，伴随着互联网技术和区块链技术的发展与应用，金融企业与传统企业、互联网公司的界限将逐渐模糊，例如厦门国金的资产证券化云平台，通过区块链技术将企业的应收账款等资产进行存储，创造内部信用。那么，传统企业、互联网企业和金融机构的记账机制是否应该一致？混业监管的范畴是否需要进一步的扩大？这些问题都需要监管层在更全面和更前瞻的视野下，对当前监管体制进行深入的改革。

在收益与成本平衡层面，如何防范区块链金融机构的外部性特征所引发的系统风险，无疑是监管部门亟须解决的问题。虽然区块链技术具备分中心化、高度共识、集体维护、公开透明、匿名安全等一系列优点，让区块链金融企业在很大程度上提高了效率并降低了成本，但是以区块链技术为核心技术的金融科技公司在不久的将来势必会与商业银行为代表的传统金融机构在经济协作活动中产生碰撞摩擦，在这个过程中，可能会形成很大的风险。一方面，传统商业银行作为资金托管者会参与到我国大部分的金融交易中，同时，伴随着区块链金融应用的成熟，区块链金融科技公司会与传统商业银行达成更加紧密的合作关系。对银行来说，合作组织内部的成员之间风险管理能力和风险偏好水平的不同，在交易中毫无疑问会产生更大的市场风险和操作风险。举例来说，R3CEV 作为全球领先的区块链加密、支付和投资服务商，当前已与全球共 60 家顶级银行成立了区块链分布式账本协议联盟，旨在打造一个基于区块链技术的分布式账本联盟链。Corda 作为测试应用版本已进入全球测试阶段，当前遇到的难题主要是如何为全球风险控制水平不一的 60 家顶级商业银行制定风控标准。另一方面，由于商业银行、证券企业、资管公司等传统金融机构具有强外部性的特征，区块链金融体系的风险很可能会覆盖到整个金融系统。当区块链金融的收益被区块链金融科技公司私有化，而成本开始社会化时，监管层将最大限度地改善和防范这一格局，以整个社会的视角来平衡区块链金融所带来的收益和成本。

在存款客户利益保护层面，如何防止区块链金融体系中掌握 90% 算力资源的各大矿池公司裹挟少量存款客户的利益，成为监管层制度设计需要重点关注的问题。区块链的信用建立机制类似于民主投票机制，因此，在股东投票的公司治理领域会产生区块链股东投票应用。为了建立更广泛的信用体系，区块链设计了竞争记账和集体审计的规则，可信度的保障是由 51% 以上的算力资源来加以约束的。根据中本聪设计的比特币技术架构，如果区块链网络中存在一方掌控了全网 51% 以上的算力资源，就可以对账簿进行更改，目前全球的区块链网络节点分布在世界各地，然而，也有可能集中在少数集团公司。为了避免这种情况的发生，全球先进的区块链平台公司，如以太坊等，正在研究一种全新的分布式技术和加密网络技术，以此来防范少数节点威胁整个网络的风险事件发生。与此同时，区块链金融的监管层也需要从根源上杜绝此类事件的发生，通过金融系统顶层设计，切实保障存款客户等少数弱势群体的利益。

在监管授权获得层面，对于区块链金融监管层而言，如何以传统的几千年传承的中心化的监管体制去实现对分中心化的经营业态的监管，正逐步成为监管部门尝试突破的哲学问题。区块链技术是基于传统的哈希算法和互联网分布式技术进行开发的，由此让区块链金融具备了不可逆和高度自治的特征。然而，中心化的监管机制一直沿用的监管措施，诸如限制交易权限、冻结账户和撤销交易等措施的正常实施如何才能获取整个区块链金融网络的认可和趋同？是否需要获取超过51%的网络节点的授权，或是构建私有链，设置监管层在其中的最高权限？这些问题尚无定论，但仍然是值得讨论的。此外，对于监管部门所在区块的记账与交易功能如何在确保整体可信度的前提下，设计出一套类中心化的分布式记账网络，是未来监管机制创新与变革的一个方向。

6.3 区块链金融政策制定建议

区块链金融作为金融领域具有颠覆性的创新，既有着巨大的发展空间，又存在较多的不确定性。伴随着区块链技术的发展逐步深入、应用逐步成熟，监管层不仅要在这次重要的科技变革的机遇时期，借鉴国外适宜监管政策的经验，而且要因国制宜，平衡我国金融创新发展与风险防范控制的关系，创造出促进国内金融业转型发展的健康有序的监管环境。

6.3.1 合理借鉴国外经验与培育良好生态体系

在国外政策制定层面，主流国家政府对比特币和底层技术的态度有着明显的区别。首先，对于比特币而言，有些国家将其视为洪水猛兽，拒之门外；也有些国家开门揖客，笑脸相迎。然而，全球更多的国家持观望态度。具体而言，作为世界首个承认比特币合法地位的国家——德国，于2013年8月宣告承认比特币交易是合法的，将其纳入法律监管体系，德国政府表示，比特币可作为私人货币和可兑换货币单位；2014年个人使用比特币在一年内免税，进行商业用途要进行征税。美国更多地将比特币归类为商品。2014年6月，加州州长签署了AB-129法案，对数字货币进行了严格规范，包含数字货币、积分、优惠券在内的美元替代品为合法的货币单位；12月18日正式将虚拟货币管理及比特币的牌照相关法规编入《纽约金融服务法律法规》，对比特币开始实施监管。2015年1月26日，纽交所入股的Coinbase，成为美国首批获权成立的比特币交易所，由此，纽约州成为首个比特币监管立法的州。2015年6月，纽约金融服务部门出台数字货币公司监管框架BitLicense，为公司使用比特币进行交易奠定了坚实的基础。英国是对比特币态度最踊跃的国家，早在2014年11月，英国财政部官员就对外宣布数字货币和数字货币的交易所暂时不受监管。在2015年3月，财政部发布数字货币相关政策演讲，建议将反洗钱法规适用于英国的数字货币交易所，财政部在会上商讨了数字货币的监管模式，未来英国政府将与英国标准协会（BIS）和数字货币行业共同制订一个适合市场的监管框架。此外，自2015年开始，英国政府增加投入1000万英镑用于数字货币的研究，2016年3月，英国央行对外宣布，其数字货币RSCoin正接受小范围公共测试。日本作为世界第三大经济体，对于新兴技术一直持积极支持的态度。2014 年 3 月，日本内阁会议决定，禁止银行和证券公司从事比特币交易业务，对比特币征用的消费税采用了相对灵活弹性的政策，对比特币的监管措施暂时仿照英国模式，不对其监管。在同年 6 月，日本执政党自民党公开宣称政府将暂时不监管比特币。2015 年 8 月，位于日本东京的比特币交易所 Mt. Gox 在发生多次比特币被盗事件后，日本政府开始考虑比特币的监管事宜。2016 年 5 月，日本首次批准数字货币监管法案，并将其明确定义为财产。加拿大从 2013 年 12 月开始鼓励基于比特币的创业，美国本土的比特币创业者由于不同州的法律监管问题，选择搬迁到加拿大创业。另外，世界上首个比特币 ATM 在加拿大的温哥华投入使用。法国政府对于比特币的监管比较谨慎，法国金融情报机构曾在 2011 年的年度公开发布会上，明确表示比特币交易符合法律条款，但提醒投资者小心谨慎。

相对而言，对于比特币持反对或观望态度的国家并不在少数。泰国作为全球范围内第一个全面封杀比特币的国家，其外汇管理与政策部门明确对外宣称任何比特币买卖、比特币交换任何商品或服务，或是泰国境内与境外存在的任何比特币的来往经济活动都将被视为违法行为。俄罗斯对比特币也持有非常强硬的反对态度。在 2014 年 2 月，俄罗斯总检察长办公室对外发表声明，俄罗斯境内禁止使用比特币。同年 8 月，俄罗斯拟定相关法案规定，其境内企业及公民凡有发行创立或有意散布有关数字货币或操作信息等行为，将被处以行政罚款。2015 年 3 月，俄罗斯副财政部长莫伊谢耶夫（Alexei Moiseev）对外发表声明，俄罗斯政府将从 2015 年 3 月开始履行 2014 年 8 月颁布的比特币禁令。韩国政府一直拒绝承认比特币的货币地位，认为比特币不是真实的投资交易，将不会对比特币征收相应的资本所得税。荷兰在比特币出现初期即对外发布声明宣告比特币的风险，由于比特币不是由政府及央行发行，比特币价格因此出现剧烈波动。无独有偶，我国也认为比特币不具备货币属性，不属于真正意义上的货币，在2013年12月，中国人民银行等五部委联合印发《关于防范比特币风险的通知》，明确了比特币的非货币属性，原因在于比特币不是货币当局发行，不具有法偿性等货币属性，禁止国内金融机构提供任何比特币交易的服务。

其次，在后比特币时代，区块链作为比特币的底层技术，世界各国对其众品交荐。欧盟委员会曾在2016年2月将数字加密货币放在快速发展目标的首位，推进了欧盟各国对数字货币和区块链技术的政策研究。同年4月的欧洲数字货币与区块链技术论坛特别举办了政策制订者的区块链集中讨论分论坛。此外，欧洲中央银行对区块链、支付、证券托管和分类账簿技术进行了深入的研讨和评估。迪拜作为中东地区的经济和金融中心，在2016年初成立了全球区块链委员会，目前具有超过30个成员，包含迪拜智能政府，迪拜多商品交易所等政府实体，思科、IBM、微软、SAP（思爱普）等国际科技公司和BitOasis（迪拜比特币初创公司）、Kraken（比特币交易所）、YellowPay（电子支付提供商）等区块链初创公司三部分。2016年5月30日，全球区块链委员会举办了2016年区块链行业峰会，公布了医疗记录、数字遗言、改良货运、旅游管理、企业注册、所有权转让和保障珠宝交易7个新的区块链概念验证。韩国虽然不承认比特币的货币地位，但是对区块链持积极的态度。2015年底，韩国新韩银行已开启区块链企业的融资服务。2016年的2月，韩国央行公开宣布将积极探索区块链技术，其证券交易所Korea Exchange（KRX）对外宣称正在开发区块链交易平台。同月，俄罗斯央行对比特币和区块链的态度也逐步缓和，开始考虑将比特币合法化，将P2P交易及个人业务托管的比特币交易纳入监管范围。澳大利亚在2015年底开始多领域探索区块链技术，其中澳洲证券交易所、澳大利亚邮政和新政党Flux正在探索区块链交易清算和结算、身份验证和政治通货轨制等领域的可能性。美国作为全球金融中心，其对区块链的态度和研发现状深受全球各国关注。在对金融机构的支持层面，在美国政府的支持下，摩根大通集团、富国银行、伦敦证券交易所和 IBM 联合发布了区块链技术架构的开放分类项目，这个同盟将有利于企业更轻松地设立自身的区块链技术平台。具备同种性质的 R3CEV 作为分布式账簿协议联盟，已经联合了全球 60 家顶级银行，设想将分布式记账平台 Corda 推广至全球各大商业银行。在硅谷科技巨头的支持层面，IBM 推出了开放账本项目，开发企业级区块链架构，促进区块链的商业化；微软的 Azure 平台为企业和个人级用户提供区块链服务（Blockchain as a Service，BaaS）；英特尔公司也发布了区块链技术的分布式账本的高效模块化平台 Sawtooth-lake。特别地，美国证券交易所在 2015 年 12 月批准本土网络券商 Over-stock 通过区块链平台发行公司的股票；2016 年 6 月，美国国土安全局也与 6 家政府区块链服务创业公司合作，开发政府的区块链服务平台和基础硬件设备。英国作为最早涉足区块链和分布式账本技术研究和开发的国家，一直通过政策来促进这两项技术的突破与发展。举例来说，2016 年 1 月 19 日，英国政府发布了分布式账簿技术白皮书《分布式账本技术：超越区块链》。报告显示，英国政府正在积极介入数字货币和区块链网络技术的立法，并评估区块链技术用在反欺诈、反洗钱和降低成本等方面的潜力。此外，英国政府聘请马克·沃尔伯特（Mark Jeremy Walport）作为首席科学顾问，来推进政府及公共机构的区块链应用，以便保障政府的隐私及数据安全。我国作为金融科技领域的领先发展国家，政府对数字货币与区块链技术一直秉持积极谨慎的态度。在 2016 年 1 月，中国人民银行专门针对比特币等虚拟货币召开了数字货币研讨会，同年 2 月，央行行长周小川指出，数字货币必须由央行发行，区块链是可选的技术。在政府的支持下，自 2015 年底开始，中国区块链研究同盟、中关村区块链产业同盟、中国分布式总账基础协议同盟（ChinaLedge）等区块链行业联盟陆续成立。从企业角度来看，瀚德金创、太一云科技等一大批优秀的区块链创业企业如雨后春笋般涌现。

6.3.2 加速制订监管框架与推进国际治理平台

为了确保数字货币市场和区块链金融体系的规范稳健发展，我国监管层不仅需要借鉴国外政策与制度建设的经验，而且要围绕我国金融体制改革方针进行制度设计。

在区块链 1.0 应用——类数字货币的国际经验借鉴层面，主要分为以日本、欧洲为代表的货币发行业，以中国香港、中国台湾为代表的类银行业监管模式和美国为代表的货币服务业监管模式三类。在后比特币层面，主要集中在解决当前中心化监管模式如何融合监管分中心化应用的问题上。具体而言，区块链技术所带来的分中心化变革并不意味着当前经济运行过程中心化监管制度的缺位。一方面，诸如比特币、莱特币和瑞波币等类数字货币面临很大的欺诈、洗钱和恐怖融资风险，对此，监管部门应制订相关的市场和法律标准规范，通过国家机构强权保证区块链金融创新产品的合理化应用。另一方面，我国监管部门应更加注重消费者权益的保护，特别是通过立法和区块链技术手段来保护消费者的隐私数据安全，加强区块链金融消费者的市场培育活动，在市场交易中保护普通投资者，提升参与者的风险防范意识。

在因国制宜层面，当前的区块链等新技术将对我国货币体系和金融市场带来重大影响，原有的经济金融的政策制度框架和措施越来越跟不上技术形势的变化。监管部门应与时俱进，联合商业银行、证券公司等金融领域主要力量，充分利用金融技术去改进监管方式，完善监管措施。举例来说，我国监管趋势将会有三大改革方向。

第一，开放市场准入限制。以区块链1.0应用——类数字货币为例，降低数字货币牌照的发放门槛，参考英国对其的监管方式，逐步允许类数字货币发行者参与或从事更多的经济金融活动，鼓励区块链创业企业加入区块链金融市场，促进整个市场的竞争。

第二，积极制订国际标准。目前，区块链监管框架尚未在全球范围内制定公布，更没有法律对其进行区块链金融行为进行约束。因此，监管部门应抓住区块链带来的机遇，鼓励金融机构为国际标准的制订积极做好各项准备工作。一是与金融科技公司合作成立联盟，重点突破支付结算、清算、分布式记账等技术瓶颈，结合自金融的运行逻辑，借助区块链技术实现低成本的跨境资金转移服务。二是参与国际区块链标准协议的制订，以国内外区块链研究与开发同盟的方式切入，争取让我国成为全球区块链金融的领航者。

第三，加强区块链金融机构的动态监管。对区块链金融机构进行科学合理的分级、分类，实时审慎地了解区块链金融行业的动态，做到以金融市场真实需求作为监管的基础，加速形成我国基于智能合约（Smart Contracts，SC）和区块链（BlockChain，BC）的技术标准。此外，积极加强区块链金融应用的试点，抓紧布局区块链金融基础设施建设，实现账户支付端区块链化。确保我国抓住区块链技术发展的契机，防范系统性风险，利用区块链和金融的融合技术提升和巩固我国在全球范围内的国际地位。

参考文献

[1] 李军.《周礼》所见判书三种形式探微［J］. 法制与社会，2009（34）：365 –366.

[2] 娄尔行. 纪念卢卡·帕乔利先生不朽名著《算术、几何、比与比例概要》问世500周年献词［J］. 财会通讯，1994（s1）：13 –14.

[3] 汪祥耀，曹杭丽. 后安然时代美国会计监管和会计审计准则发展的新动向——美国会计学会主席Wilson教授在杭谈会计监管与会计诚信教育等问题［J］. 浙江财税与会计，2003（3）：14 –15.

[4] Nakamoto S. Bitcoin：A Peer – to – peer Electronic Cash System［J］. Consulted，2009.

[5] 姜宇. 比特币法律监管问题研究——亦谈《关于防范比特币风险的通知》［J］. 金融法苑，2014（2）.

[6] DRC视角. 比特币的发展现状以及风险特征［J］. Drc视角，2014.

[7] 曹锋. 区块链重构大数据改变一切［EB/OL］. http：//www.8btc.com/blockchain – bigdata，2016 –04 –08.

[8] Meijer D.，Carlo R. W. The UK and Blockchain Technology：A Balanced Approach［J］. Journal of Payments Strategy & Systems，2016.

[9] 王雅娟. 区块链在商业银行的应用前景展望［J］. 中国银行业，2016（6）.

[10] 益言. 区块链的发展现状、银行面临的挑战及对策分析［J］.

金融会计，2016（4）.

[11] 谢平，邹传伟，刘海二．互联网金融手册［M］．北京：中国人民大学出版社，2014.

[12] Skinner C. Digital Bank：Strategies to Launch or Become a Digital Bank［M］. 2014.

[13] Miko Ajewiczwo Niak A.，Scheibe A. Virtual Currency Schemes—The Future of Financial Services［J］. Foresight，2015，17（4）：365－377.

[14] 尹恒，欧阳海泉．新货币经济学的理论构想及其可行性［J］．经济学动态，2004（8）：70－73.

[15] 陈思思．比特币兴衰反思及其可能的未来［J］．江苏商论，2014（9）.

[16] 比特币资讯网．突尼斯邮政试水非洲数字货币市场［EB/OL］. http：//www. bitcoin86. com/news/9175. html，2015－12－31.

[17] 巴比特. Ripple 挑战 SWIFT：全球化的汇款系统［EB/OL］. http：//www. 8btc. com/22531ripple，2014－07－04.

[18] 任安军．运用区块链改造我国票据市场的思考［J］．南方金融，2016（3）：39－42.

[19] Stan Higgins. 40 Banks Trial Commercial Paper Trading in Latest R3 Blockchain［EB/OL］. http：//www. coindesk. com/.

[20] 区块链金融．看全球十大证券交所怎么玩区块链［EB/OL］. http：//www. 8btc. com/10－stock－exchanges－blockchain－tech.

[21] 凯文·比勒，丹尼尔·基雅雷拉，赫尔穆特·海德格尔，马修·拉美勒，阿卡什·拉尔，杰瑞德·慕恩，董艳，董丹．区块链技术在资本市场的应用［J］．金融市场研究，2016（2）：110－120.

[22] 秦谊．区块链颠覆全球金融业［J］．金融电子化，2016（3）：

59－62.

［23］徐明星．区块链：重塑经济与世界［M］．北京：中信出版社，2016.

［24］物联网智库．区块链：物联网最激动人心的领域，详解其三个发展阶段和投资建议［EB/OL］．http：//toutiao. com/i6278935389436641794/，2014－04－29.

［25］龚鸣．抓住重点！智能合约才是区块链革命中最重要的部分［EB/OL］．http：//mt. sohu. com/20160316/n440585512. shtml，2016－03－16.

［26］Jay Cassano. What Are Smart Contracts? Cryptocurrency's Killer App?［EB/OL］．http：//www. fastcolabs. com/3035723/app－economy/smart－contracts－could－be－cryptocurrencys－killer－app，2014－09－17.

［27］国金证券．区域链报告之一·基础篇——具备优质特征，应用场景丰富［EB/OL］．http：//finance. qq. com/a/20160616/029066. htm，2016－06－16.

［28］周少晨．构建和完善征信的法律框架［J］．中国信用卡，2010（8）：23－27.

［29］国务院．社会信用体系建设规划纲要［M］．北京：人民出版社，2014.

［30］赵小凡．社会征信体系建设，国际借鉴与国内考察——兼论我国两类征信体系的整合［J］．财经理论与实践，2005，26（2）：110－113.

［31］刘梦雨，何玲．连维良：运用好四个倒逼机制　探索社会信用体系建设可行路径［J］．大众用电，2016（7）．

［32］易观国际．中国个人征信专题研究报告2016［EB/OL］．http：//www. 199it. com/archives/449601. html，2016－03－16.

［33］梅兰妮·斯万．区块链：新经济蓝图及导读［J］．金融电子化，

2016（3）：96－96.

［34］杨望，曲双石．区块链＋大数据：传统风控的变革利器［J］．当代金融家，2016（Z1）．

［35］宋奕青．PE 的“自由”之路［J］．中国经济信息，2013（9）：40－41.

［36］曹彤．自金融的演绎逻辑——基于区块链的延伸思考［J］．当代金融家，2016（Z1）：38－40.

附　录

名词解释

信任网络：A、B、C 是一种可靠性的共识机制约束。A 信任 B，B 信任 C，则 A 可能信任 C，由此构建信任网络。

保证金：在智能合约应用层面，保证金确保合约正常安全地执行。

第三方托管：低信誉实体的贸易，需要具备高信誉的第三方来监督交易的进行，在产品交付后，第三方会将款项进行交付。

抵押：放置在数字智能合约中的交易一方的数字资产类型。如果合约未被正常行使，该数字资产会被广泛分配出去。

散列：一种特定的随机散列算法，经过特殊的数学手段进行处理，来验证交易的合法合规性。

加密：将钥匙比如 691fe79573b1a7064c19c1a9819819ebdbd1faaab1a8 的短文字符串的数据结合，输出一个密文。密文可以被掌握私钥的人解密成可读的明文。对于未掌握私钥的人来说是不可读的。

数字签名：数字签名算法是用户用私钥对文件生成一种数据处理方式，以至拥有签名、公钥和文件的用户可以验证这笔交易的合法性和有效性。

地址：地址实际上是用户的公钥映像。比如 e13cd947ec05abc7fe734df8dd826 就是公钥的散列值。

区块：区块是数据包的概念，其中包含多个交易、父区块的散列值和其他可选的数据。除了创世区块以外，每个区块都有父区块。每个区块大小限制为1MB。目前比特币区块链的交易数据容量已经高达80GB。

账户：账户是总账中记录的概念，由地址来进行索引服务。总账包含了有关该账户完整的数据。在一个货币系统中，交易的所有记录、文件或合约都可以记录在账户系统中。

工作证明：目前工作权益证明主要包含有工作量证明方法（Proof of Work，POW）和权益证明方法（Proof of Stock，POS）。主要是依据工作量和权益比例的多少来进行证明。

随机数：随机数是一个没有意义的随机值，为满足工作证明的前提条件而进行调整。

挖矿：挖矿是对随机数进行反复计算的一个过程，根据计算速度的不同得到比特币区块链系统不同的比特币奖励。

分叉：同一个父区块的两个子区块被同时产生的情况，导致两条链同时增长。合法有效性的判断主要是看哪个链条后续区块的增长速度更快。

电子货币：最早的电子货币来源于1952年美国富兰克林国民银行的全球第一张信用卡，电子货币是商业银行等金融机构发行的货币。

数字加密货币：数字加密货币是虚拟货币的一种，全球市值比较高的四种数字加密货币是比特币、莱特币、联合币和瑞波币。

法定数字货币：法定数字货币必须是以国家信用作为背书、央行发行的一种数字货币。

后 记

大机遇视角下的区块链与共享金融

党的十八届五中全会强调，要牢固树立并切实贯彻创新、协调、绿色、开放、共享的发展理念。习近平总书记多次指示强调，坚持共享，积极调动社会力量参与社会事务。共享经济体承载的规模和交易量是巨大的，需要大数据和区块链金融平台来进行保障。

贵州省率先在全国发展大数据产业，从2014年3月开始，这几年在中央国务院、兄弟省市以及专家和学者的支持下，呈现出非常好的发展势头，已经成为国家大数据产业发展的综合实验区和国家大数据产业发展的技术创新区。

李克强总理在“中国大数据产业峰会”开幕式上对贵阳发展大数据做了发言。贵阳市大数据的运用，大数据的产业在商用、政用、民用方面应用都非常有特点，以它为基础，大数据金融发展也呈现出非常好的态势，2015年10月4日贵阳率先在全国成立了第一家大数据交易所，也是全球第一家大数据交易所。贵阳市又是第一批全国移动金融的试点城市，也是全国第一批5个生态金融城市之一。这几年在发展大数据产业基础之上，大数据金融发展也非常好。

在贵州省政府金融办的大力支持下，贵阳在大数据金融风险防范方面走在前面。大数据金融防控风险有几个板块：和贵阳航空港基地合作，做PE/PV为主的风险防控；小贷和担保行业的大数据风险防范平台和数控监控平台；大数据防控金融平台，主要针对互联网金融的业态，例如 P2P、众筹、支付等。同时，也在向传统银行、证券、保险做风险防控。这是贵阳市在全国首次发布的一个综合的大数据金融板块。应该说，这个平台的发布，受到很多媒体的关注。在这些发展创新项目中都运用了区块链技术。众所周知，贵阳市政府对区块链技术高度重视，2016 年召开数博会时，专门召开了“区块链与共享金融高峰论坛”。贵阳瀚德创客金融投资有限公司曹彤团队作为贵阳区块链行业主要力量，与深圳农村商业银行举行隆重的战略合作协议签约仪式。此次签约双方将在票据业务、资产证券化、大数据风控、新金融支付、新型消费贷等领域展开深入的合作，推进以区块链技术为代表的新技术、新模式在金融产业的应用。签约仪式上演示的“票据链”，是双方基于区块链技术的票据理财业务首期研发成果。它是全球首项基于区块链的票据 SPV 系统，也是国内首个区块链金融应用的研究成果，具有里程碑意义。票据链将有利于推动票据工具的创新运用，落实国家发展普惠金融的要求，切实解决中小微企业的融资难、融资贵困局。

《区块链金融》这本书将区块链的概念从技术、应用、前景等多个方面做出了深入浅出的专业级解读，通过在银行、证券、保险等行业场景化的分析，揭开了笼罩在普通读者面前，覆盖着这个炙手可热的词语的面纱。我们看到，区块链这一创新技术在金融行业的应用，对于我国经济转型、供给侧改革、创造新增长点等重要发展目标都有着至关重要的意义。

正如本书所深刻分析的，区块链技术所带来的变革是潜力无限的，而目前看来，当下最可行的就是与大数据技术的结合。作为一个新兴的概念，大数据与科技创新具有十分密切的联系，根据 google 统计，2010 年世界范围内数字信息量达到了 1ZB。预计到 2020 年，每年都将产生 35ZB 的大数据。我国拥有巨大的经济规模和人口基数，因此在大规模数据方面存在着天然的优势，大数据的应用绝不会局限在某一个行业中，各个行业都受到了大数据的巨大影响，尤其是大数据中包含的经济价值十分丰富。区块链技术使得对大数据经济价值的挖掘能力大大增强，从而催生出的大数据金融，不仅能够创造丰富的投资机遇和创业机会，也能够实现普惠金融、精准扶贫等社会福利进步目标。对金融企业来说，用户数据是其提供金融中介服务、找出合适的存贷双方完成交易的基础。大数据金融的本质是去中介化、价格透明化，这都来自区块链本身的特质。通过合理地运用大数据技术，对所掌控的数据资产进行加工、处理、整合、利用和反馈等，不断挖掘数据资产的价值，为创新金融的内外监管、提高服务效率、支撑产品优化以及新产品开发，以及实现向客户提供高质量的服务等目标，都能够提供全新的思维和技术支撑。

共享金融理念与模式的发展，有助于抑制金融部门的过度扩张，使得金融发展中的效率、平等与伦理问题更好地结合起来。从宏观和微观层面来看，依托于大数据时代的技术与制度变革，共享金融将对货币经济学和金融经济学带来全新的视角和挑战。大数据、区块链正在改变着我们的经济与生活，很有可能使过去“乌托邦”式的经济金融梦想成为现实。虽然仍面临众多外在挑战和障碍，也有内在的缺陷和不足，但我相信，在不断地探索与追求下，共享金融完全能够走出一条通往“金融与美好社会”的梦想之路。

《区块链金融》是一本不可多得的专业、客观、深刻的作品，只有建立在这样坚实的基础上，我国的金融、科技方面的从业者和创新者才能够发展出大数据时代区块链技术的无限潜能。借此机会，特别感谢王玉祥副市长抽出宝贵时间，在本书的编写过程中，对书名确定、章节标题、逻辑框架和内容建议等，提供了大量的指导和支持。另外，感谢课题组负责人杨望，课题组成员张继元、郭晓涛、毛可若、陈林峰、傅思颖、雷舒娅、罗丹、曲强等，正是归功于各位的辛勤工作、扎实研究，才诞生了这样一部优秀的学术成果，感谢你们为本书出版所做的一切工作。与此同时，谨以此书送给正在区块链金融发展道路上探索的各位同行们，也希望各位读者能够喜爱这本书。

2016 年 10 月 8 日